El legado de Ratan Tata: de 1937 a 2024 – El viaje de Ratan Tata de Bombay a un imperio global...

Sophia Fairview

Published by Sophia Fairview, 2024.

While every precaution has been taken in the preparation of this book, the publisher assumes no responsibility for errors or omissions, or for damages resulting from the use of the information contained herein.

EL LEGADO DE RATAN TATA: DE 1937 A 2024 – EL VIAJE DE RATAN TATA DE BOMBAY A UN IMPERIO GLOBAL...

First edition. October 28, 2024.

ISBN: 979-8227524591

Written by Sophia Fairview.

Tabla de Contenido

Dedication

A los lectores de habla hispana,

Este libro, "El legado de Tata: de 1937 a 2024 – El viaje de Ratan Tata de Bombay a un imperio global", está dedicado a todos aquellos que creen en el poder de la visión ética y el liderazgo con propósito. La historia de Ratan Tata es un recordatorio de que el verdadero liderazgo combina compasión y determinación para lograr un cambio positivo en el mundo.

Esta edición ha sido traducida automáticamente al español, con el fin de hacerla accesible a más personas. Sin embargo, sabemos que las traducciones automáticas pueden no capturar cada matiz perfectamente, y pedimos disculpas por cualquier error o falta de claridad. Agradecemos sus comentarios y reseñas, que son esenciales para ayudarnos a mejorar, mantener los precios accesibles y hacer que el libro sea más visible para nuevos lectores.

Gracias por ser parte de este viaje y por su comprensión. Su opinión, ya sea para elogios o sugerencias de mejora, es muy valiosa para nosotros.

Con gratitud,
Sophia Fairview

El legado de Tata: de 1937 a 2024 – El viaje de Ratan Tata de Bombay a un imperio global...

Prólogo

Cuando piensas en **Ratan Tata**, podrías imaginar a un titán de la industria, un hombre que se encuentra al mando de uno de los conglomerados más grandes y respetados de India. Pero lo que es aún más fascinante es que, a pesar de su éxito corporativo y su inmensa influencia en los negocios, Ratan Tata sigue siendo, en el fondo, un hombre de **profunda simplicidad** y **tranquila gracia**. Este libro no solo celebra su perspicacia empresarial; descompone las capas de este **visionario modesto**, para explorar cómo su humildad, su naturaleza reservada y sus desafíos personales han moldeado su legado.

Esta no es una historia de **victorias en la sala de juntas** por sí sola. Es la historia de un hombre que eligió mantenerse con los pies en la tierra incluso cuando voló más alto de lo que la mayoría podría soñar. Desde su amor por los perros y su elección de conducir un **Tata Nano** a pesar de su riqueza, hasta las difíciles decisiones que enfrentó mientras equilibraba el peso del **legado Tata**, Ratan Tata ejemplifica un liderazgo con **corazón**. Su **sabiduría suave** y determinación para hacer del mundo un lugar mejor, incluso cuando significaba enfrentar desafíos monumentales, son lo que lo convierte en una de las figuras más **queridas** en el negocio global.

A través de los altibajos—ya sea el éxito de **Jaguar Land Rover**, las luchas con el **Tata Nano**, o el **peso emocional del liderazgo** durante conflictos internos—la historia de Tata es más que ganancias y adquisiciones. Se trata de **integridad**, **compasión**, y mantenerse fiel a los **principios éticos** en un mundo que a menudo prioriza las victorias rápidas.

Así que abróchate el cinturón—este viaje a través de la **vida de Ratan Tata** está lleno de lecciones no solo para los aspirantes a líderes empresariales, sino para cualquiera que busque navegar por el mundo con **humildad**, **gracia**, y un toque de **humor**. Después de todo, como podría reírse Tata, a veces el camino hacia la grandeza se recorre mejor en un **Nano**.

Introducción: El hombre detrás del legado

Ah, **Ratan Naval Tata**—¡qué historia! Su vida se lee como una gran novela, llena de giros inesperados, resiliencia y una visión que estaba lejos de ser moldeada únicamente por su nombre familiar. Sí, nació en una de las **familias más influyentes de India**, los Tata, el **28 de diciembre de 1937**, pero seamos claros: su éxito no fue en absoluto **preordenado**. No fue un camino fácil lleno de cucharas de plata y puertas abiertas. No, no. **Ratan Tata** creó su propio camino, edificando sobre los valores fundamentales de **integridad**, **humildad**, y un **impulso silencioso pero poderoso hacia la innovación**.

Una infancia llena de contradicciones

Creciendo en una **familia Parsi zoroastriana**, la infancia de Ratan no fue la historia despreocupada y predecible que podrías esperar de alguien en su posición. A solo diez años, sus padres se separaron—un golpe que lo dejó al cuidado de su **abuela, Navajbai Tata**. Ahora, Navajbai no era una abuela común—era una mujer formidable, tanto amorosa como estricta, inculcando en el joven Ratan una mezcla de **disciplina** y **compasión**. Esto moldeó al hombre que llegaría a ser: **gentil pero firme**, un líder con corazón.

Su educación comenzó en Mumbai en la prestigiosa **Cathedral and John Connon School**—un semillero de algunas de las mentes más brillantes de India—y luego continuó en **Bishop Cotton School** en Shimla. Esta base no se trataba solo de académicos. Le brindó una visión del mundo—fue preparado no solo para liderar, sino para **pensar en grande**.

Sueños de arquitectura y América

Ahora, aquí es donde la historia toma un giro interesante. El joven Ratan no soñaba originalmente con dirigir un imperio empresarial. No, tenía sus ojos puestos en **la arquitectura**. De hecho, en **1962**, se graduó de **la Universidad de Cornell** en EE. UU. con un título en arquitectura. Y seamos honestos—se sintió tentado a quedarse en Estados Unidos, donde la vida parecía llena de posibilidades. Su amor por **volar** también tuvo raíces aquí—una metáfora adecuada para su ambición de **elevarse más alto**. Pero la vida tenía otros planes para él.

A petición (seamos sinceros, **insistencia**) de su abuela, regresó a India para unirse al negocio familiar. ¿Y qué le dieron? No una cómoda oficina en la esquina, sino una empresa que se hundía más rápido que una roca en el océano—**National Radio & Electronics (NELCO)**.

NELCO: Las primeras luchas

Así que aquí estaba, lanzado a la profunda. **NELCO** estaba en mal estado cuando Ratan tomó el control, y aunque logró lograr algunas pequeñas victorias, una dura recesión económica complicó las cosas. En muchos sentidos, estos **primeros fracasos** fueron su formación. Le enseñaron el **arte de la resiliencia**. No se trataba de un éxito repentino; se trataba de jugar a largo plazo, entendiendo la **arquitectura de un negocio** de la manera en que había estudiado la estructura de los edificios.

El hecho de que **la arquitectura** fuera su primer amor no fue una coincidencia—influyó en cómo pensaba sobre **liderazgo**. Para él, dirigir una empresa era muy parecido a diseñar una estructura: tenías que ser tanto **creativo** como **estratégico**. Se trataba de saber cuándo seguir los planos y cuándo adaptarse a **desafíos imprevistos**. De esta manera, el enfoque de Tata hacia los negocios se convirtió en uno de **planificación meticulosa**, pero siempre con una apertura a **la innovación y el cambio**.

Ratan Tata no solo construyó sobre el legado de su familia—lo transformó. Y lo hizo con las herramientas de un arquitecto, el corazón de un humanitario y la mente de un visionario. Ya sea enfrentando **primeros reveses** o rompiendo fronteras más tarde en su carrera, mostró que el verdadero liderazgo consiste en mucho más que mantener el statu quo—se trata de **crear constantemente** algo nuevo, incluso cuando los cimientos parecen inestables.

Cuando Ratan tomó las riendas del Grupo Tata en 1991, India estaba en un momento crucial. El país comenzaba a liberalizar su economía, abriéndose a la competencia global. Este período de transformación se alineó con la propia visión de Ratan Tata de llevar el negocio familiar más allá de las fronteras de India. Fue audaz, no temió incomodar a los tradicionales conservadores del Grupo Tata, especialmente cuando se trataba de introducir un liderazgo más joven y dirigir al conglomerado hacia nuevas industrias.

Bajo el **liderazgo de Ratan Tata**, el **Grupo Tata** no solo creció—se volvió global a lo grande. Piénsalo: un minuto Tata dirige una empresa enfocada en India, y al siguiente, está comprando **Tetley Tea** en 2000. Quiero decir, ¡eso es prácticamente como si India le dijera al Reino Unido: "Nosotros nos encargamos de esto, gracias!" Y mientras el té era solo el aperitivo, Tata ni siquiera estaba cerca de terminar.

Luego vino el trato con **Corus Steel** en 2007. Ahora, lo entiendo—el acero no es exactamente glamuroso. Pero cuando compras un **gigante del acero europeo** y conviertes a Tata en el **quinto mayor productor de acero** del mundo, ahí es cuando sabes que estás jugando en las grandes ligas. Luego, solo para asegurarte de que el mundo realmente estuviera prestando atención, Tata adquirió **Jaguar Land Rover** en 2008, lo que, seamos honestos, envió un mensaje claro: "India también puede hacer lujo."

Pero lo que pasa con **Ratan Tata** es que no solo se trataba de adquirir nuevos juguetes brillantes. No, él veía los negocios como algo mucho más significativo—**una fuerza para el bien**. Mientras que algunos líderes cuentan su éxito en ganancias, Tata lo contaba en **personas**. Ya fuera a través de los **Tata Trusts**, que continuaron invirtiendo en **educación, salud, y desarrollo rural**, o su compromiso de hacer que los negocios sean **éticos** y **humanos**, su filosofía siempre estuvo arraigada en la **responsabilidad social**.

Toma el **Tata Nano**, por ejemplo. Algunos podrían llamarlo un fracaso porque no se vendió como se planeó, pero esa no es la forma en que Tata lo veía. El automóvil no se trataba de convertirse en el próximo vehículo de lujo—se trataba de dar a millones de indios de bajos ingresos la **dignidad** y **libertad** de poseer un automóvil. Se trataba de hacer que lo imposible fuera posible para las personas que más lo necesitaban. Claro, el Nano no se convirtió en el nombre familiar que él imaginó, pero **el beneficio** no era la fuerza impulsora. Se trataba de **elevar** a toda una generación.

Al final, **Ratan Tata** no solo compró empresas; reconfiguró la imagen global de los negocios indios. Mostró al mundo lo que los negocios indios podían lograr mientras se mantenían fieles a sus **raíces**—ética, comunidad, y un toque de audaz innovación. Y realmente, ¿no es ese el mejor legado de todos?

En lo que respecta a **la vida personal de Ratan Tata**, es un estudio de contrastes. Por un lado, estaba al mando de uno de los imperios empresariales más poderosos del mundo, y por el otro, vivía con una **notable simplicidad** que a menudo sorprendía a las personas. Mientras que otros en su posición podrían entregarse al **estilo de vida de celebridad**, Tata era un hombre que prefería mantener un perfil bajo, evitando el foco de atención que a menudo brilla sobre aquellos en el poder. Nunca se casó, eligiendo en su lugar dedicar su energía a su trabajo, la filantropía y la empresa que tanto le importaba.

Simplicidad y humildad en el liderazgo

A pesar de ser la cara de un conglomerado global, **Ratan Tata** evitó las trampas del éxito. No lo encontrarías socializando con estrellas de Bollywood o asistiendo a galas elegantes. No, era más probable que lo encontraran **conduciendo él mismo al trabajo** en su automóvil Tata o caminando entre los empleados en una de sus fábricas, preguntándoles cómo iban las cosas. Se conectaba genuinamente con la gente—ya fueran **trabajadores de fábrica** en el suelo de producción o ejecutivos en reuniones de juntas. Y esa es la cosa sobre Tata—no estaba interesado en liderar desde un podio; prefería liderar **con el ejemplo**. Se sentía más a gusto en las trincheras que en el centro de atención.

Evitando el estatus de celebridad

Ratan Tata es conocido por **evitar la atención de los medios** y mantenerse alejado del tipo de estatus de celebridad que su éxito podría haberle traído fácilmente. Incluso en una era donde muchos líderes han abrazado la idea de convertirse en **marcas personales**, Tata estaba contento de dejar que su **trabajo hablara por sí mismo**. Cuando es entrevistado, a menudo es accesible, con poco interés en hacer alarde. Nunca se casó, y aunque ha habido historias sobre casi matrimonios, se mantuvo profundamente privado sobre su vida personal.

Un estilo de liderazgo arraigado en la humanidad

Su estilo de liderazgo reflejaba sus **humildes comienzos** y los valores que su familia le inculcó. El liderazgo de Tata nunca se trató de ser el más ruidoso en la sala, sino de **escuchar**. Esta **visión poco ostentosa** le permitió guiar al Grupo Tata con claridad, sabiendo que su verdadero impacto no estaba en los titulares, sino en las personas que elevaba—ya sea a través de sus empresas o a través de los **Tata Trusts**.

No es de extrañar que **Ratan Tata** sea profundamente respetado no solo en India, sino en todo el mundo. Su humildad lo hizo destacar en un mundo lleno de grandes personalidades y egos aún más grandes. Al final, su legado no es solo sobre los miles de millones que sus empresas han generado, sino sobre los **miles de millones de vidas** que ha tocado silenciosamente a través de su **filantropía, liderazgo**, y **empatía**.

Para cuando se retiró en 2012, Tata había transformado al grupo en una potencia global con ingresos superiores a los 100 mil millones de dólares. Sin embargo, su legado va mucho más allá de los balances financieros. Su influencia moldeó la industria india, y sus esfuerzos filantrópicos aseguraron que su impacto se sintiera durante generaciones. Incluso en sus últimos años, continuó guiando y mentorando, encarnando los valores de liderazgo, ética y un compromiso con el bien común.

Ratan Tata falleció el 9 de octubre de 2024, tras un periodo de enfermedad, dejando atrás un legado que es monumental y profundamente personal. Desde Bombay hasta el escenario mundial, su trayectoria es un testimonio del poder del liderazgo visionario y un recordatorio de que el verdadero éxito no radica solo en la riqueza, sino en la mejora de la sociedad.

Resumen de la Importancia del Grupo Tata en India y Su Impacto Global

El Grupo Tata, fundado en 1868 por Jamsetji Tata, ha desempeñado un papel fundamental en la formación de la India moderna, tanto económica como socialmente. Inicialmente enfocado en industrias como textiles, acero y energía, el grupo ha crecido hasta convertirse en un conglomerado global con presencia en más de 100 países y operaciones en múltiples sectores, que incluyen automóviles, tecnología, telecomunicaciones, productos de consumo y hospitalidad.

El Papel del Grupo Tata en India

Ah, el **Grupo Tata**—en India, es más que solo un conglomerado; ¡es prácticamente un **tesoro nacional**! Tata no es solo otro gran negocio que genera ganancias, es parte del mismo tejido de la **construcción de la nación**. Desde el principio, el grupo ha estado impulsado por más que solo balances y resultados finales; se trata de **prácticas comerciales éticas**, **responsabilidad social**, y, seamos honestos, un poco de **patriotismo**.

Tata Steel: La Columna Vertebral de la Industria India

Comencemos con **Tata Steel**, porque si alguna vez hubo una empresa que podía demostrar ser la columna vertebral de la revolución industrial de India, es esta. Fundada en **1907**, Tata Steel no solo fue la primera planta de acero de India; prácticamente **fue la columna vertebral de la infraestructura de India**. Estuvo allí cuando el país necesitaba **ferrocarriles**, **puentes**, y todos esos músculos industriales. Podías casi oírla susurrar: "No te preocupes, India, yo me encargo de esto."

Desde acero para ferrocarriles hasta infraestructura para **manufactura**, Tata Steel ha estado forjando la base de la economía india, jugando silenciosamente a largo plazo. No se trataba solo de ganancias, sino de **progreso nacional**—construyendo la nación, una viga de acero a la vez. Y cuando te das cuenta de que esta empresa tuvo un papel en la formación de **la infraestructura de la India moderna**, no es de extrañar que la gente vea al Grupo Tata como más que un negocio—es prácticamente un **pilar de la sociedad india**.

Tata Consultancy Services (TCS): El Pionero Digital

Y luego está **TCS**, el **superhéroe de TI** que apareció en 1968 y ayudó a transformar a India en el **centro tecnológico global** que es hoy. Quiero decir, ¿quién hubiera pensado en aquel entonces que India se convertiría en un líder mundial en **transformación digital, subcontratación**, y todo lo relacionado con la tecnología? Sin embargo, aquí estamos, gracias en gran parte a **TCS**, que fue pionera en la **industria de servicios de TI en India**. Ayudó a construir no solo negocios, sino **carreras**—y convirtió a India en el destino preferido para empresas de todo el mundo que buscan aprovechar el poder de la tecnología.

Ahora, cada vez que hablamos de **subcontratación tecnológica** o **transformación digital**, el nombre de India aparece, y seamos honestos, TCS tuvo un gran papel en eso. TCS tomó lo que podría haber sido solo un pequeño nicho y lo convirtió en una **revolución global**, demostrando que India no era solo un lugar para el curry y el cricket, sino un jugador serio en el **mundo tecnológico**.

Tata Motors: La Impulso de India hacia una Movilidad Asequible

Luego tenemos a **Tata Motors**. Seamos claros—antes de Tata Motors, la idea de coches asequibles para la familia india promedio era un poco como pedir la luna. Pero Tata lo hizo posible. Desde el **Tata Indica**, que fue el primer coche diseñado y producido en India, hasta el ambicioso **Tata Nano**, que se comercializó como el coche más asequible del mundo, Tata Motors transformó el **panorama automotriz**.

Está bien, el **Nano** puede no haber sido el éxito arrollador que esperaban, pero no se trataba de alcanzar el oro en ventas—se trataba de hacer una **declaración**. Una declaración que decía: "India puede producir coches de clase mundial, y pueden ser asequibles para millones de personas."

Filantropía y Construcción de la Nación: El Alma de Tata

Pero si realmente quieres entender por qué Tata es **el corazón palpitante de India**, tienes que mirar su **filantropía**. Quiero decir, ¡hablar de generosidad! El Grupo Tata destina **dos tercios de sus ganancias** a **Tata Trusts**, que se centra en la educación, la atención médica y **el desarrollo rural**. Y esto no es solo lanzar dinero a los problemas—se trata de **becas para estudiantes**, **proyectos de atención médica** que salvan vidas, y **iniciativas de sustento** que elevan a comunidades rurales enteras.

Han tocado **millones de vidas**, desde proporcionar educación de calidad a los desfavorecidos hasta transformar economías rurales enteras. Y lo hacen con la misma modestia silenciosa que encarna el propio Ratan Tata—sin fanfarria, solo **impacto**.

Así que sí, el **Grupo Tata** no es solo un negocio—es una **institución**, entrelazada en el mismo ADN de India. Ha construido puentes (a veces literalmente), moldeado industrias y elevado a las personas. Y seamos realistas, no hay muchas empresas que puedan decir que han sido parte de la construcción de tanto **naciones como coches**.

Impacto Global

Cuando **Ratan Tata** tomó las riendas, el **Grupo Tata** no se conformó con permanecer dentro de las fronteras de India. En lugar de jugar a lo seguro, Tata miró alto y adquirió algunas de las marcas más reconocibles del mundo, como **Tetley Tea** en 2000, **Corus Steel** en 2007, y **Jaguar Land Rover** en 2008. Cada una de estas adquisiciones no solo se trató de robustecer el balance—se trataba de **enviar un mensaje**. Tata le estaba diciendo al mundo: "No estamos aquí solo para participar; estamos aquí para liderar."

Tomemos **Tetley Tea**, por ejemplo. Los británicos tienen el té en su ADN, así que cuando Tata compró Tetley, fue como si India tomara las llaves de uno de los pilares culturales más queridos del Reino Unido. ¿Y **Corus Steel**? Tata no estaba interesado en hacer algunas vigas más para rascacielos; no, esto se trataba de **construir los propios esqueletos de la infraestructura global**. Añade a **Jaguar Land Rover**, dos marcas de lujo icónicas, y de repente Tata ya no era solo una empresa india—era una **fuerza global**.

Una Huella Verdaderamente Global

Bajo el liderazgo de Tata, la **huella global** de la empresa creció tanto que más del **65% de sus ingresos** provienen ahora de mercados internacionales. Así es—dos tercios de sus ganancias provienen del exterior. Tata transformó a la empresa de una **potencia doméstica** a un **gigante global**—y lo hizo con movimientos estratégicos que se centraban en el **largo plazo**.

Más que un Negocio: Un Símbolo de la Fuerza de India

Pero aquí es donde el Grupo Tata se vuelve realmente interesante: no se trata solo de **adquisiciones globales** o ingresos internacionales. Tata ha llegado a **representar** lo que las empresas indias pueden lograr en el escenario mundial. Es un ejemplo vivo y respirante del ascenso de India como una **potencia económica**. Y al hacerlo, Tata también se ha convertido en un **símbolo de innovación ética**, a menudo empujando los límites en **productos socialmente responsables**.

El **Tata Nano** podría no haber sido un éxito de taquilla, pero su objetivo era revolucionario: crear el coche más **asequible del mundo** para familias que nunca habían soñado con poseer uno. Tata no solo quería vender coches—quería **cambiar vidas.** Y cuando se trata de **sostenibilidad,** no busques más allá de **los vehículos eléctricos de Tata Motors.** Mientras otras empresas aún estaban probando el movimiento de energía verde, Tata ya estaba trabajando en posicionar a **India a la vanguardia** de la **revolución global de los vehículos eléctricos.** No se trata solo de negocios—se trata de **crecimiento impulsado por un propósito.**

En resumen, Ratan Tata no solo estaba jugando en las grandes ligas—estaba **estableciendo nuevas reglas** para lo que las empresas indias podían lograr a nivel global, todo mientras mantenía el **corazón de la empresa** atado a **la innovación con conciencia.**

Un Legado de Liderazgo Ético

La expansión global del Grupo Tata siempre ha estado arraigada en su enfoque ético hacia los negocios. A diferencia de muchas corporaciones globales, Tata se ha centrado en el crecimiento inclusivo, asegurando que su éxito beneficie tanto a los accionistas como a la sociedad. Este enfoque le ha ganado el respeto mundial, y a menudo se cita como un modelo de responsabilidad social corporativa.

En resumen, el Grupo Tata es una parte integral del tejido económico de India y se ha convertido en un faro del emprendimiento indio y la responsabilidad corporativa. Su alcance global, combinado con un sentido profundamente arraigado de liderazgo ético, asegura que el impacto de Tata se sentirá durante generaciones venideras.

La Filosofía de Liderazgo Única de Tata: Ética, Innovación y Responsabilidad Social

El liderazgo de Ratan Tata en el Grupo Tata desde 1991 hasta 2012, e incluso en sus años como presidente emérito, se caracterizó por una combinación única de ética, innovación y responsabilidad social. Su enfoque hacia los negocios fue profundamente principiado, enfatizando la importancia de la integridad corporativa y el impacto más amplio de los negocios en la sociedad.

1. Ética: Liderando con Integridad

La ética estaba en el corazón de la filosofía de liderazgo de Ratan Tata. Él creía firmemente que los negocios debían estar impulsados no solo por las ganancias, sino también por un sentido del deber moral. A lo largo de su mandato, trabajó para mantener el compromiso de larga data del Grupo Tata con prácticas comerciales éticas. Bajo su liderazgo, Tata fortaleció su reputación de transparencia y equidad, tanto en India como a nivel internacional. Famosamente declaró que "si quieres caminar rápido, camina solo. Pero si quieres caminar lejos, camina juntos", reflejando su creencia en la colaboración, la confianza y la integridad a largo plazo.

Una de sus posturas más notables por la ética se produjo durante su tiempo como presidente de Tata Motors. Cuando se enfrentó a demandas de corrupción mientras lanzaba el Tata Indica, Tata se negó a participar en prácticas poco éticas, eligiendo en su lugar mover la producción a un estado que no requeriría sobornos. Este firme compromiso con los valores reforzó la reputación global de Tata como una empresa con una brújula moral inquebrantable.

2. Innovación: Impulsando el Cambio y la Reinventación

El mandato de Ratan Tata se caracterizó por un impulso de innovación en todos los niveles. Fomentó el liderazgo joven, abrazó la tecnología y llevó al Grupo Tata a nuevas industrias orientadas al futuro. Su visión era global y progresista, lo que llevó a adquisiciones estratégicas clave como Tetley Tea, Corus Steel y Jaguar Land Rover. Estas adquisiciones expandieron la huella global del Grupo Tata y consolidaron su lugar en el escenario mundial.

La pasión de Tata por la innovación no se limitaba a la estrategia corporativa—se extendía también al desarrollo de productos. Uno de los ejemplos más icónicos fue la creación del **Tata Nano**, lanzado en 2008. Destinado a proporcionar transporte asequible para millones de familias de bajos ingresos en India, el Nano fue aclamado como "el coche del pueblo". Aunque el Nano no logró un éxito comercial masivo, su desarrollo encarnó el compromiso de Tata de resolver problemas sociales a través de un diseño innovador.

De manera similar, el movimiento de Tata Motors hacia los vehículos eléctricos (EVs) bajo su liderazgo, particularmente el desarrollo del Tigor EV, reflejó su visión de movilidad verde. Ratan Tata siempre estuvo dispuesto a empujar los límites, ya sea a través de avances tecnológicos o posicionando al Grupo Tata como un líder en desarrollo sostenible.

3. Responsabilidad Social: Los Negocios como Fuerza para el Bien

Quizás la característica más definitoria del liderazgo de Ratan Tata fue su inquebrantable creencia de que los negocios deben contribuir a la sociedad. Su compromiso con la responsabilidad social iba más allá de la filantropía corporativa; estaba entrelazado en el tejido de las operaciones del Grupo Tata. Se aseguró de que una parte significativa de las ganancias de Tata se canalizara hacia causas sociales a través de **Tata Trusts**, una de las organizaciones benéficas más grandes de India.

Los Tata Trusts han impactado millones de vidas a través de inversiones en educación, atención médica y desarrollo rural. Iniciativas como el **Centro Médico Tata** en Kolkata y el **Instituto Tata de Ciencias Sociales** son símbolos duraderos de su visión. Bajo el liderazgo de Ratan Tata, el grupo se centró en empoderar a las comunidades y abordar problemas críticos como la pobreza, la desnutrición y el acceso a agua potable.

La filosofía de liderazgo de Tata giraba en torno al equilibrio entre el beneficio y el propósito. A menudo comentaba que creía en una filosofía de "construcción de naciones", donde el éxito corporativo estaba vinculado a la mejora de la sociedad. Sus decisiones personales y corporativas fueron constantemente informadas por esta creencia, reforzando el legado de Tata como un grupo que valoraba el bien social tanto como el éxito financiero.

Conclusión: Una Visión Holística del Liderazgo

La filosofía de liderazgo de Ratan Tata, basada en la ética, la innovación y la responsabilidad social, lo convirtió no solo en un líder empresarial, sino en un visionario que redefinió el papel de las entidades corporativas en la sociedad. Su capacidad para fusionar el sentido empresarial con un propósito sigue inspirando a emprendedores y ejecutivos de todo el mundo. El legado de Tata sirve como un recordatorio de que el liderazgo exitoso es más que un crecimiento financiero; se trata de crear un cambio positivo y duradero en la sociedad.

Capítulo 1: Raíces de un Titán – Familia, Educación e Influencias Tempranas

La Familia Tata: Un Legado de Liderazgo y Construcción de Naciones

La familia Tata es una de las dinastías más históricas de India, reconocida no solo por su vasto imperio empresarial, sino también por sus contribuciones a la industrialización y al bienestar social del país. Las raíces de la familia se remontan al siglo XIX, cuando el visionario industrial **Jamsetji Tata** sentó las bases para lo que se convertiría en el conglomerado más grande y respetado de India. A lo largo de generaciones, la familia Tata ha desempeñado un papel central en la configuración del paisaje industrial del país, y **Ratan Tata**, nacido en 1937, se erige como un portador de antorcha moderno de esta ilustre línea.

Jamsetji Tata: El Padre Fundador de la Industria India

Jamsetji Tata, nacido en 1839, es a menudo referido como el "Padre de la Industria India." En un momento en que India estaba bajo el dominio colonial británico y luchaba por desarrollar su base industrial, Jamsetji imaginó una nación autosuficiente e industrializada. Sus aspiraciones iban más allá de la riqueza personal; quería crear empresas que beneficiaran a la sociedad en su conjunto. Su legado está profundamente entrelazado con la transformación económica de India, de una sociedad agraria a una nación industrial moderna.

Jamsetji estableció el Grupo Tata en 1868 con empresas en algodón, textiles y hospitalidad. Sin embargo, sus contribuciones más duraderas vinieron a través de sus esfuerzos pioneros en acero y energía. Uno de sus proyectos clave fue la creación de **Tata Steel** (inicialmente Tata Iron and Steel Company) en 1907, que se convertiría en la primera planta de acero integrada de India. Ubicada en Jamshedpur, esta empresa fue revolucionaria para su tiempo, tanto en términos de su escala como por su ambición de empoderar a la fuerza laboral india a través de salarios justos y mejores condiciones laborales.

La visión de Jamsetji se extendió a industrias que eran desconocidas en India. También sentó las bases para la **Compañía de Suministro de Energía Hidroeléctrica Tata** y el **Instituto Indio de Ciencia** en Bangalore, ambos contribuyendo a la modernización de la infraestructura y la educación en India. Aunque Jamsetji no vivió para ver la finalización de muchos de estos proyectos, su visión y principios empresariales éticos se convirtieron en un modelo para las generaciones futuras de Tata.

La Familia Tata y la Industrialización de India

Los sucesores de Jamsetji, en particular sus hijos Dorabji Tata y Ratanji Tata, llevaron adelante su legado. Bajo el liderazgo de Dorabji, Tata Steel comenzó a operar en 1911, y India se unió a las filas de las naciones industriales. Este desarrollo fue crítico, no solo porque proporcionó las materias primas necesarias para la infraestructura de India, sino también porque fue un símbolo de autosuficiencia frente al dominio colonial. El Grupo Tata creció hasta convertirse en un conglomerado con intereses en química, automóviles, energía y más. Continuó siendo pionero en iniciativas en sectores que impulsarían el crecimiento industrial y económico de India a lo largo del siglo XX.

A medida que el Grupo Tata se expandía, mantenía un fuerte enfoque en la gobernanza ética y la responsabilidad social. La familia creía que la industria debía servir a la nación, no solo a intereses privados, y sus empresas implementaron esquemas de bienestar mucho antes de que tales prácticas se convirtieran en algo común. Las empresas Tata fueron de las primeras en India en ofrecer beneficios a los empleados como pensiones, compensaciones por accidentes y jornadas laborales de ocho horas.

El Lugar de Ratan Tata en la Dinastía Tata

Ratan Tata, nacido en esta notable familia en 1937, es el bisnieto de Jamsetji Tata. Su lugar dentro de la línea Tata tiene un inmenso peso histórico, y ha estado a la altura de los altos ideales de la familia. Su vida temprana fue moldeada por los valores del trabajo duro, la integridad y el servicio a la sociedad. Criado por su abuela tras la separación de sus padres, Ratan estuvo expuesto tanto a privilegios como a responsabilidades. Fue educado en instituciones prestigiosas, incluyendo la Escuela Cathedral y John Connon en Mumbai y la Universidad de Cornell en EE. UU., donde estudió arquitectura antes de cambiar a negocios.

Cuando Ratan asumió como presidente de Tata Sons en 1991, India estaba experimentando una revolución económica, abriendo sus mercados a la competencia global por primera vez. El liderazgo de Ratan coincidió con un período de transformación dramática para el Grupo Tata, que aún era en gran medida una empresa nacional, aunque gigante. Siguiendo los pasos de sus ancestros, Ratan buscó globalizar las operaciones de Tata mientras se adhirió a los principios de negocio ético y responsabilidad social que eran la marca registrada del nombre Tata.

Ratan Tata es a menudo descrito como un "líder silencioso" que lideró con el ejemplo más que con una retórica ostentosa. Su visión era mantener el fuerte sentido de tradición del grupo mientras lo modernizaba para la era global. Bajo su liderazgo, Tata realizó una serie de adquisiciones audaces, incluyendo la compra de **Tetley Tea** en 2000, **Corus Steel** en 2007 y **Jaguar Land Rover** en 2008. Estos movimientos no solo expandieron la huella global de Tata, sino que también posicionaron al grupo como un líder internacional en una variedad de industrias.

A pesar de sus logros en la expansión de los intereses comerciales del grupo, Ratan nunca perdió de vista la misión más amplia de la familia Tata. A lo largo de su mandato, enfatizó la responsabilidad social corporativa, asegurándose de que una parte significativa de las ganancias de Tata se reinvirtiera en iniciativas sociales. Los **Tata Trusts**, que controlan la mayoría de las acciones de la empresa, están fuertemente involucrados en la filantropía, enfocándose en áreas como educación, atención médica y desarrollo rural. El liderazgo de Ratan mantuvo el equilibrio entre la innovación y el servicio público, honrando el legado de su familia mientras lo impulsaba hacia el futuro.

Una Dinastía de Liderazgo Ético

El estilo de liderazgo de la familia Tata es único en su enfoque en el crecimiento a largo plazo, el impacto social y la gobernanza corporativa. El mandato de Ratan Tata es un testimonio de esta filosofía. Su capacidad para combinar la tradición familiar con prácticas empresariales modernas ha consolidado su lugar como uno de los líderes más influyentes en la dinastía Tata.

Mientras que muchas empresas familiares luchan por adaptarse a través de las generaciones, los Tata han prosperado, en gran parte gracias a su capacidad para evolucionar sin abandonar sus valores fundamentales. El compromiso de Ratan Tata con la ética, la responsabilidad social y la innovación no solo aseguró el éxito continuo del grupo, sino que también cimentó su propio legado como un digno sucesor de sus antepasados. En muchos sentidos, Ratan ejemplifica la contribución perdurable de la familia Tata a la industrialización y el estatus global de India. A través de sus negocios, iniciativas filantrópicas y liderazgo ético, los Tata no solo han construido un imperio, sino que también han ayudado a construir una nación.

Educación y Vida Temprana: Los Años Formativos de Ratan Tata en Bombay

Ratan Tata nació el 28 de diciembre de 1937, en una de las familias empresariales más prominentes de India. Su vida temprana en Bombay (ahora Mumbai) fue moldeada por privilegios, pero también por desafíos personales que le inculcarían resiliencia, humildad y un sentido de responsabilidad. Hijo de Naval Tata, quien fue adoptado más tarde en la familia Tata, la infancia de Ratan estuvo marcada por la separación de sus padres cuando solo tenía diez años. Después de la separación, él y su hermano menor Jimmy fueron criados por su abuela, Lady Navajbai Tata. La dificultad emocional de este período influiría más tarde en la preferencia de Ratan por una vida personal tranquila y centrada, alejada de la atención pública.

Educación en Escuelas de Élite

La educación de Ratan Tata sentó una base sólida para su futuro éxito, exponiéndolo tanto a tradiciones de aprendizaje indias como occidentales. Comenzó su escolarización en la **Escuela Campion** en Mumbai, una institución prestigiosa conocida por sus rigurosos estándares académicos y su enfoque holístico de la educación. Más tarde se transfirió a la **Escuela Cathedral y John Connon**, otra institución de élite en el corazón de Mumbai. Fundada a mediados del siglo XIX, Cathedral y John Connon tiene una reputación por moldear las mentes de los futuros líderes de India, ofreciendo una combinación de instrucción académica al estilo británico y un fuerte énfasis en el desarrollo del carácter.

Estos primeros años en Cathedral y John Connon fueron formativos, ya que introdujeron a Ratan en diversos campos de estudio y fomentaron el pensamiento crítico. El enfoque de la escuela en la excelencia académica y las actividades extracurriculares también le inculcó un enfoque equilibrado hacia la vida, combinando curiosidad intelectual con un sentido de deber hacia los demás.

Después de completar su educación en India, Ratan continuó sus estudios en la **Escuela Bishop Cotton** en Shimla, una de las escuelas boarding más antiguas de India. Situada en las serenas colinas de Himachal Pradesh, Bishop Cotton ofrecía un ambiente disciplinado, enfatizando el liderazgo, la integridad y el logro académico. Ratan prosperó en este entorno, donde se le animaba a pensar de manera independiente y a seguir sus intereses más allá del aula.

Transición a los Estados Unidos: Cornell y Harvard

En 1955, Ratan se mudó a los Estados Unidos para continuar su educación en **Riverdale Country School** en Nueva York, una escuela privada de élite conocida por su currículo progresista y desafiante. Riverdale amplió su visión del mundo, exponiéndolo a nuevas ideas y oportunidades, y marcando el comienzo de su educación internacional. Tras su tiempo allí, se inscribió en **la Universidad de Cornell**, inicialmente con la intención de estudiar ingeniería mecánica. Sin embargo, después de dos años, cambió su especialidad a arquitectura, atraído por sus desafíos creativos y estructurales.

Cornell fue una experiencia crucial para Ratan Tata. La mezcla de educación técnica y artes nutrió su lado creativo, que más tarde influiría en su enfoque para resolver problemas e innovar en los negocios. Su formación arquitectónica, que enfatizaba tanto la precisión como la creatividad, es algo que él atribuye a haber moldeado su capacidad para pensar estratégicamente en el mundo de los negocios. También fue en Cornell donde Ratan desarrolló su pasión de toda la vida por volar, tomando lecciones y obteniendo una licencia de piloto.

Después de graduarse de Cornell en 1962, Ratan regresó a India. Sin embargo, más tarde asistió a **la Escuela de Negocios de Harvard**, completando el Programa de Gestión Avanzada en 1975, que ayudó a refinar sus habilidades de liderazgo. El enfoque de Harvard en los desafíos empresariales del mundo real y la toma de decisiones ejecutivas fue un complemento perfecto a su experiencia práctica dentro del Grupo Tata, al que ya se había unido tras su regreso de Cornell.

Una Fuerte Fundación para el Liderazgo Futuro

La educación temprana de Ratan Tata le proporcionó tanto una sólida formación académica como una profunda comprensión de perspectivas globales. Sus años formativos en algunas de las mejores escuelas de India, junto con su tiempo en Cornell y Harvard, moldearon su visión de futuro. También le inculcaron la importancia de la humildad y el liderazgo ético, cualidades que definirían su mandato como presidente del Grupo Tata.

Esta educación, combinada con las lecciones de vida de su crianza y los valores de su familia, sentó las bases para que Ratan Tata no solo liderara uno de los conglomerados más influyentes de India, sino que también lo hiciera con un enfoque en la innovación, la integridad y el impacto social.

Cornell y Harvard: Formando la Visión Global de Ratan Tata

El recorrido educativo de Ratan Tata en Estados Unidos, que abarcó sus estudios en **la Universidad de Cornell** y **la Escuela de Negocios de Harvard**, fue crucial para moldear su perspectiva global y su estilo de liderazgo. Estas experiencias le inculcaron no solo conocimientos técnicos, sino también la capacidad de pensar de manera creativa, estratégica y global; cualidades que más tarde definirían su liderazgo en el Grupo Tata.

Universidad de Cornell: Arquitectura y Pensamiento Creativo

La decisión de Ratan Tata de estudiar arquitectura en Cornell fue un punto de inflexión en su desarrollo intelectual. Inicialmente inscrito como estudiante de ingeniería mecánica, Tata cambió a arquitectura después de dos años, una decisión que reflejó su pasión innata por el diseño y la resolución de problemas. La arquitectura, con su enfoque en equilibrar creatividad y estructura, le proporcionó a Tata una perspectiva única para ver el mundo. Aprendió el valor de la planificación precisa, la conciencia espacial y la necesidad de abordar los problemas desde múltiples ángulos, todas características que resultarían invaluables en los negocios.

Uno de los aprendizajes clave de la estancia de Tata en Cornell fue aprender a integrar ideas aparentemente dispares en soluciones cohesivas e innovadoras. En arquitectura, a menudo hablaba de la importancia de no apegarse a un solo concepto, sino de estar dispuesto a intentar y fallar repetidamente hasta encontrar la solución adecuada. Este enfoque se tradujo bien en sus futuras estrategias empresariales, donde la innovación era un elemento central de la visión de Tata para la expansión global del grupo.

Además, el entorno académico diverso y riguroso de Cornell expuso a Tata a una amplia gama de ideas y perspectivas globales. Interactuó con estudiantes de diferentes países y campos de estudio, lo que amplió su visión del mundo. Esta exposición a procesos de pensamiento internacionales influiría más tarde en sus empresas comerciales globales, particularmente su enfoque en adquisiciones transfronterizas y asociaciones globales que llevaron al Grupo Tata a una prominencia internacional.

Escuela de Negocios de Harvard: Liderazgo Estratégico

En 1975, Ratan Tata continuó su educación en **la Escuela de Negocios de Harvard**, donde completó el Programa de Gestión Avanzada. El método del estudio de casos de Harvard, que se centra en desafíos empresariales del mundo real, permitió a Tata profundizar su comprensión de la toma de decisiones estratégicas. El currículo estaba diseñado para perfeccionar habilidades de liderazgo y abordar problemas empresariales complejos, y Tata absorbió estas lecciones en su filosofía de liderazgo en evolución.

En Harvard, Tata agudizó su capacidad para pensar de manera estratégica y global. Fue introducido a prácticas de gestión de vanguardia, particularmente en las áreas de gobernanza corporativa, innovación y crecimiento sostenible. La experiencia amplió su comprensión de cómo funcionaban las grandes organizaciones diversas a nivel global. Esta comprensión jugaría un papel crucial cuando Tata navegara por las complejidades de transformar al Grupo Tata de un jugador mayormente nacional a un conglomerado global.

Harvard también consolidó la creencia de Tata en el liderazgo ético y la importancia de equilibrar el beneficio con el propósito. El ambiente de la escuela de negocios, impregnado de discusiones sobre responsabilidad corporativa y sostenibilidad a largo plazo, se alineó con los propios valores de Tata. Estas lecciones fueron fundamentales para dar forma a su estilo de liderazgo, que combinaba movimientos audaces e innovadores con un fuerte compromiso con el bien social.

Una Visión para el Futuro: Expansión Global e Innovación

La educación de Ratan Tata en EE.UU. influyó profundamente en su visión para el Grupo Tata. Cuando asumió la presidencia en 1991, Tata heredó un conglomerado bien establecido pero enfocado en el mercado nacional. Sin embargo, sus experiencias en Cornell y Harvard lo equiparon con la mentalidad para pensar más allá de las fronteras nacionales. Fue uno de los primeros industriales indios en buscar una agresiva expansión global, guiando al Grupo Tata hacia nuevos mercados e industrias. Bajo su liderazgo, Tata realizó varias adquisiciones de alto perfil, incluyendo Tetley Tea (Reino Unido), Corus Steel (Reino Unido), y Jaguar Land Rover (Reino Unido), transformando a la compañía en un jugador global.

La mentalidad arquitectónica que desarrolló en Cornell, particularmente la capacidad de combinar forma y función, fue evidente en su enfoque hacia la innovación. Ratan Tata apoyó proyectos como el Tata Nano, el coche más barato del mundo, como solución a los desafíos de transporte de India, combinando asequibilidad con diseño. También respaldó la incursión de Tata Motors en vehículos eléctricos, mostrando una visión de futuro basada en la sostenibilidad y la innovación.

De manera similar, su formación en Harvard le permitió gestionar las complejidades del vasto y diverso portafolio de Tata. El Programa de Gestión Avanzada le proporcionó las herramientas para optimizar operaciones, consolidar subsidiarias e implementar cambios estratégicos que fortalecieron la marca Tata a nivel global. Su visión global, junto con una profunda comprensión de las dinámicas del mercado, le permitió guiar a Tata a través de un período de inmensa transformación.

Carrera Temprana: Comenzando en Tata Steel en Jamshedpur

La carrera temprana de Ratan Tata en **Tata Steel** en Jamshedpur es un capítulo significativo en su vida, ya que sentó las bases para el rol de liderazgo que eventualmente asumiría. Esta fase de su trayectoria no fue una de privilegio inmediato o reuniones cómodas en la sala de juntas; en cambio, estuvo definida por el trabajo arduo, el aprendizaje práctico y una profunda inmersión en el lado operativo del negocio familiar.

Después de completar sus estudios de arquitectura en la Universidad de Cornell en 1962 y regresar a India, se esperaba que Ratan Tata se uniera al Grupo Tata. Sin embargo, en lugar de ser acelerado a una oficina corporativa, comenzó su carrera en Tata Steel en Jamshedpur, una de las ciudades industriales más antiguas y grandes de India. ¿Su punto de entrada? El piso de la fábrica.

Aprendiendo desde la Base: La Experiencia en el Piso de la Fábrica

En Tata Steel, Ratan Tata asumió un modesto rol como aprendiz en el piso de la fábrica, donde trabajó junto a trabajadores manuales. Se le asignaron tareas menores como manejar altos hornos y cavar piedra caliza. Esta experiencia no fue simbólica; fue un intento deliberado por parte de la familia Tata, especialmente JRD Tata, de asegurarse de que Ratan aprendiera el negocio desde la base. También fue un reflejo de la filosofía del grupo de que el liderazgo debe construirse sobre la comprensión de cada capa de la empresa, desde sus operaciones estratégicas más altas hasta las actividades de producción más básicas.

Esta inmersión en el duro y laborioso mundo de la producción de acero fue fundamental para Ratan Tata. Le dio una visión sin filtros de las realidades enfrentadas por los trabajadores, y una comprensión directa de los procesos que impulsaban al gigante industrial del Grupo Tata. Desarrolló un profundo respeto por la fuerza laboral y las complejidades de las operaciones industriales. Este período también agudizó sus habilidades para resolver problemas y le enseñó la importancia de la eficiencia, la disciplina y el trabajo en equipo en la manufactura.

Los Desafíos de Jamshedpur

Jamshedpur en sí mismo era un lugar único. Fundada por Jamsetji Tata, la ciudad era el hogar de Tata Steel y se había convertido en un modelo de planificación industrial urbana. Sin embargo, la vida en la ciudad del acero era dura. No era el entorno cosmopolita de Mumbai ni el centro intelectual de Nueva York donde Ratan había pasado sus años académicos. Las duras condiciones del entorno industrial de Jamshedpur plantearon desafíos personales y profesionales para Ratan Tata, pero también lo anclaron en las realidades de gestionar operaciones a gran escala.

Durante este tiempo, Tata también construyó relaciones cercanas con los trabajadores y gerentes en el piso de la fábrica, aprendiendo sobre la importancia de las relaciones laborales y el papel crítico de la comunicación en la gestión de una operación exitosa. Su tiempo en Jamshedpur dejaría una impresión duradera en él, moldeando sus puntos de vista sobre el liderazgo y reforzando el compromiso del Grupo Tata con el bienestar de los empleados y la responsabilidad social.

Lecciones Tempranas en Liderazgo

La experiencia práctica de Ratan Tata en Tata Steel le proporcionó un curso intensivo en liderazgo. Aprendió a manejar los desafíos operativos diarios y a tomar decisiones bajo presión. Quizás lo más importante, este período lo expuso a las complejidades de la estructura y cultura de gestión de Tata Steel, que estaban arraigadas en los ideales de negocio ético y un compromiso con la construcción de la nación.

Esta fase de su carrera también coincidió con cambios más amplios dentro del Grupo Tata. El entorno económico de India estaba evolucionando, y también lo estaban los desafíos que enfrentaban las empresas Tata. Los primeros años de Ratan Tata en Tata Steel le dieron una visión de primera mano sobre las dificultades de gestionar un negocio legado en un mundo en cambio. Comprendió la necesidad de modernización e innovación, lecciones que informarían sus esfuerzos posteriores para globalizar el Grupo Tata.

Transición a Liderazgo Corporativo

Después de su tiempo en Tata Steel, Ratan Tata pasó gradualmente a roles más significativos dentro del Grupo Tata. Su experiencia temprana en el piso de la fábrica le había proporcionado una comprensión profunda de los aspectos operativos del negocio, y esto le serviría bien a medida que asumiera mayores responsabilidades de liderazgo. Sin embargo, su ascenso dentro del grupo no estuvo exento de desafíos. La generación más antigua de ejecutivos de Tata, acostumbrada a un estilo de gestión más tradicional, a menudo resistía las ideas de Ratan Tata para la reforma y modernización. Pero su conocimiento de las realidades operativas del grupo, combinado con su visión de innovación y expansión global, finalmente lo ayudó a superar estos obstáculos.

Para cuando se convirtió en presidente de Tata Sons en 1991, Ratan Tata ya había construido una reputación por su ética de trabajo, humildad y capacidad para navegar tanto por los aspectos prácticos como estratégicos de los negocios. Su carrera temprana en Tata Steel fue fundamental para moldear al líder que se convertiría, uno que valoraba tanto a las personas que trabajaban para él como la sostenibilidad a largo plazo de la empresa.

Un Legado Duradero de Jamshedpur

El tiempo de Ratan Tata en Tata Steel fue mucho más que un rito de paso; fue el crisol en el que se forjó su estilo de liderazgo. Las lecciones que aprendió en Jamshedpur sobre la eficiencia operativa, el bienestar de los empleados y la gobernanza ética se convertirían en piedras angulares de su filosofía de liderazgo. Sus experiencias en esos primeros años no solo informarían la forma en que dirigió Tata Steel, sino que también moldearían las decisiones que tomaría como presidente del Grupo Tata, guiándolo a través de un período de significativa expansión y transformación global.

En muchos sentidos, la carrera temprana de Tata en Tata Steel ejemplificó su creencia de toda la vida en el liderazgo de servicio: la idea de que para liderar de manera efectiva, primero se debe entender y servir a aquellos que trabajan bajo ellos. Esta ética lo acompañaría a lo largo de su mandato, asegurando que el Grupo Tata no solo permaneciera como un conglomerado exitoso, sino también como una de las empresas más respetadas del mundo, conocida por su compromiso tanto con la excelencia empresarial como con el bien social.

Capítulo 2: Un Heredero Reticente Toma las Riendas – La Transición de Liderazgo

E l Cambio de J.R.D. Tata: Desafíos de Suceder a una Leyenda en 1991

Cuando Ratan Tata asumió la presidencia de **Tata Sons** en 1991, enfrentó la monumental tarea de suceder a su legendario tío, **J.R.D. Tata**. J.R.D. había estado al mando del Grupo Tata durante más de cinco décadas, y bajo su liderazgo, el conglomerado había florecido, consolidando su lugar como un pilar de la industria india. La transición no fue solo un cambio en el liderazgo; fue un cambio sísmico para el Grupo Tata y para Ratan mismo. En muchos sentidos, Ratan estaba asumiendo el papel de una figura que no solo era su predecesor, sino también un ícono nacional, querido por su liderazgo, integridad y contribuciones a la industrialización de India.

El Legado de J.R.D. Tata: Un Acto Difícil de Seguir

J.R.D. Tata, quien asumió como presidente en 1938, fue un pionero en la aviación india, fundando **Air India**, y un visionario que expandió el Grupo Tata a sectores como químicos, hoteles, acero y energía. Fue admirado por su profundo compromiso con el bienestar de los empleados y por convertir a Tata en un conglomerado sinónimo de prácticas empresariales éticas. Su estilo de liderazgo era desinteresado, permitiendo a los directores de las muchas subsidiarias de Tata un gran grado de autonomía operativa. Esto creó una estructura descentralizada donde cada empresa operaba de manera algo independiente, contribuyendo a la naturaleza diversa y extensa del grupo.

Para Ratan Tata, seguir los pasos de J.R.D. no solo significaba continuar con este legado, sino encontrar una manera de reestructurar el conglomerado para un mundo en rápida evolución. Para 1991, India estaba atravesando reformas económicas significativas, abriéndose a los mercados globales y a la competencia, lo que requería que el Grupo

Tata se adaptara. La gestión de J.R.D. había sido larga e ilustre, pero como líder, había permitido que el grupo evolucionara de manera orgánica. Ratan, en cambio, tenía una visión más estructurada para el futuro del grupo, lo que inevitablemente llevó a desafíos al asumir su nuevo rol.

Resistencia Interna: Una Fuerza Laboral Tradicionalista

Una de las mayores presiones que enfrentó Ratan Tata fue la resistencia interna de la generación más antigua de ejecutivos de Tata. La larga gestión de J.R.D. había fomentado una cultura de gestión independiente y aislada en las subsidiarias de Tata. Muchas de estas empresas tenían sus propios equipos de liderazgo de larga data, que eran leales a J.R.D. y escépticos de las comparativamente modernas y progresistas ideas de Ratan.

Ratan se dio cuenta rápidamente de que uno de sus principales desafíos sería consolidar el poder dentro del grupo mientras implementaba cambios en su estructura de gestión. Su enfoque más centralizado tenía como objetivo agilizar las operaciones y crear sinergias entre las diversas empresas de Tata. Esto representaba un marcado cambio con respecto al estilo de liderazgo de J.R.D., lo que llevó a fricciones. Los gerentes de larga data, muchos de los cuales habían estado en la empresa durante décadas, resistieron los llamados de Ratan por innovación, nuevos talentos y mayor supervisión.

Esta resistencia se vio agravada por la personalidad relativamente discreta de Ratan Tata en comparación con J.R.D. Mientras J.R.D. era una figura carismática y más grande que la vida, Ratan era más callado y reservado. Algunos de los ejecutivos cuestionaron si Ratan podría inspirar y liderar al grupo con la misma confianza y estilo que había encarnado J.R.D.

Reformas Económicas y Globalización: Una Nueva Era

Cuando Ratan Tata asumió el liderazgo, India se encontraba en medio de la liberalización de su economía. Las reformas económicas de 1991, lideradas por el entonces Primer Ministro P.V. Narasimha Rao y el Ministro de Finanzas Manmohan Singh, dieron paso a una era de globalización, reduciendo aranceles, eliminando restricciones a las inversiones extranjeras y permitiendo que las empresas indias compitieran a nivel global.

Para Tata, esto significaba transformar un grupo que había sido mayormente doméstico en sus operaciones en uno capaz de competir internacionalmente. Mientras que el liderazgo de J.R.D. se había centrado en consolidar el poder del grupo dentro de India, Ratan entendió que el futuro estaba en expandirse más allá de las fronteras de India. Esta visión global requería que Tata reorganizara sus negocios, deshaciéndose de emprendimientos no centrales o no rentables y enfocándose en industrias con potencial internacional.

La presión para navegar este cambio fue inmensa. Ratan Tata no solo tenía que guiar al grupo a través de las reformas económicas, sino también asegurarse de que los valores tradicionales y las prácticas éticas de la empresa se mantuvieran intactos en medio de la creciente competencia y las demandas de un mercado globalizado.

Decisiones Clave y Reformas

Los primeros movimientos significativos de Ratan Tata fueron implementar una edad de jubilación para los ejecutivos senior y asegurar que todas las empresas de Tata reportaran directamente a la oficina central de Tata Sons. Esto fue un desafío directo al statu quo, donde las subsidiarias habían disfrutado de una gran autonomía. Muchos gerentes de larga data vieron estos movimientos como una invasión a su libertad, lo que llevó a una mayor resistencia. Sin embargo, Ratan estaba firme en su convicción de que una estructura más unificada permitiría al Grupo Tata operar de manera más eficiente y estratégica en el ámbito global.

También comenzó a impulsar un liderazgo más joven, reconociendo que se necesitaba talento fresco para innovar y llevar a la empresa hacia adelante. Con el tiempo, sus esfuerzos dieron frutos, con la inyección de nuevas ideas y energía revitalizando al grupo. Pero estos primeros años fueron difíciles, marcados por un delicado acto de equilibrio entre respetar el legado de J.R.D. y guiar al grupo hacia una era más moderna y competitiva.

Estableciendo Su Propio Legado

A pesar de la resistencia inicial, la visión de Ratan Tata eventualmente transformó al grupo. Su liderazgo vio al Grupo Tata realizar algunas de sus adquisiciones más significativas, incluyendo la compra de **Tetley Tea**, **Corus Steel**, y **Jaguar Land Rover**. Estos movimientos convirtieron a Tata en un verdadero conglomerado global, con más del 65% de sus ingresos proveniente de mercados internacionales para cuando Ratan se retiró en 2012.

El éxito de Ratan Tata en navegar estas presiones y desafíos mientras mantenía la sólida base ética del grupo es un testimonio de su liderazgo. Con el tiempo, demostró no solo ser un digno sucesor de J.R.D., sino un líder por derecho propio; uno que guió al Grupo Tata a través de un período de inmensos cambios, dejándolo más fuerte y más conectado globalmente que nunca.

La transición de J.R.D. a Ratan Tata a menudo se considera un momento definitorio en la historia empresarial de India, marcando el cambio de un legado de industrialización y crecimiento nacional a uno de globalización e innovación.

Reconstruyendo el Grupo Tata: Los Esfuerzos de Modernización y Agilización de Ratan Tata

Cuando Ratan Tata asumió el cargo de presidente en 1991, el Grupo Tata era un vasto conglomerado con operaciones en numerosas industrias, desde acero hasta té, químicos y automóviles. Si bien esta diversidad había permitido que Tata prosperara bajo el liderazgo de J.R.D. Tata, también había llevado a ineficiencias, redundancias y una falta de dirección cohesiva. Para adaptarse al cambiante panorama económico de la década de 1990, tanto en India como a nivel global, Ratan se embarcó en una serie de esfuerzos de modernización para agilizar las operaciones, consolidar unidades más pequeñas y posicionar a Tata como un jugador global más ágil y competitivo.

1. Centralizando el Control y Reestructurando la Liderazgo

Una de las primeras reformas significativas de Ratan Tata fue traer una mayor centralización a la gestión del Grupo Tata. Bajo J.R.D. Tata, el conglomerado había operado de manera altamente descentralizada, con muchas de las subsidiarias funcionando como feudos independientes. Esta autonomía era efectiva en una economía pre-liberalizada pero se estaba volviendo cada vez más problemática ante la competencia global. Para abordar esto, Ratan introdujo medidas para centralizar el control dentro de **Tata Sons**, la empresa holding que supervisa el grupo.

Implementó una **edad de jubilación obligatoria** para los ejecutivos senior, un movimiento significativo para atraer un liderazgo fresco y más joven. Esto fue controvertido, ya que muchos de los jefes de las subsidiarias de Tata habían estado en sus puestos durante décadas y eran resistentes al cambio. Sin embargo, Ratan reconoció que el talento más joven, con perspectivas más dinámicas y globales, era necesario para revitalizar al grupo y llevarlo hacia el futuro.

Además, reestructuró la forma en que las subsidiarias reportaban a la oficina central. Bajo su liderazgo, todas las empresas de Tata estaban obligadas a reportar directamente a **Tata Sons**, lo que estrechó el control y garantizó una dirección estratégica unificada. Esto marcó un cambio notable con respecto a la era anterior, donde las empresas operaban con una autonomía significativa. El impulso de Ratan por la responsabilidad y una gobernanza más estricta creó una organización más ágil, con una supervisión más clara del rendimiento financiero y la eficiencia operativa.

2. Agilizando y Deshaciéndose de Negocios No Centrales

Ratan Tata entendió que, si bien la diversidad de Tata era una fortaleza, también creaba desafíos para mantener el enfoque. El grupo había acumulado una variedad de negocios no centrales, muchos de los cuales no estaban generando los retornos necesarios para competir a nivel global. A inicios de su mandato, comenzó un proceso de **salida de industrias no esenciales** y consolidación de operaciones en torno a las competencias centrales del grupo.

Esto implicó desinvertir en negocios que ya no se alineaban con la visión a largo plazo de Tata. Por ejemplo, Tata salió de sectores como el textil y el cemento, que ya no se consideraban prioridades estratégicas. Los ingresos de estas ventas se reinvirtieron en industrias que ofrecían más potencial de crecimiento, como el acero, la automoción y la tecnología. Ratan no temía tomar decisiones difíciles para reducir el conglomerado, creyendo que era necesario para la salud y el crecimiento general del grupo.

Al mismo tiempo, Tata buscó consolidar dentro de industrias clave. Por ejemplo, **Tata Steel** sufrió una importante reestructuración durante el mandato de Ratan, centrándose en la modernización, la reducción de costos y la expansión de capacidad. También lideró esfuerzos para integrar las operaciones de varias empresas de Tata, eliminando redundancias y mejorando la eficiencia en todo el grupo.

3. Enfocándose en Innovación y Modernización

Una de las creencias fundamentales de Ratan Tata era que el grupo necesitaba ser **innovador y visionario** para mantenerse competitivo en una economía que se globalizaba rápidamente. Impulsó la modernización en todos los negocios clave de Tata, particularmente en sectores como la automoción, el acero y las telecomunicaciones.

Por ejemplo, **Tata Motors** sufrió una transformación significativa bajo el liderazgo de Ratan Tata. Él defendió el desarrollo de nuevos vehículos como el **Tata Indica**, que fue el primer automóvil indígena de India. El ejemplo más famoso de su enfoque en la innovación fue el lanzamiento del **Tata Nano** en 2008, el automóvil más asequible del mundo, destinado a proporcionar una solución económica a las necesidades de transporte de India. Si bien el Nano no logró un éxito comercial a largo plazo, simbolizó el compromiso de Tata por expandir los límites de lo que podía lograr la manufactura india.

En la industria del acero, **Tata Steel** modernizó sus plantas y expandió su huella global a través de adquisiciones estratégicas. Esto incluyó la compra de alto perfil de **Corus Steel** en 2007, que convirtió a Tata Steel en uno de los mayores productores de acero del mundo. La visión de Ratan para Tata Steel implicaba modernizar los procesos de producción para hacer a la compañía más competitiva internacionalmente, al mismo tiempo que la posicionaba como un jugador clave en los mercados globales.

4. Adquisiciones Globales y Expansión Internacional

Una parte clave de la estrategia de Ratan Tata para modernizar el Grupo Tata fue expandir su presencia internacional. Su enfoque en adquisiciones globales fue un audaz cambio respecto al enfoque más introspectivo del liderazgo anterior. La adquisición de marcas globales como **Tetley Tea** (Reino Unido) en 2000, **Jaguar Land Rover** (Reino Unido) en 2008, y **Corus Steel** (Reino Unido) transformó a Tata de una empresa predominantemente india en un jugador global.

Estas adquisiciones no solo se trataban de aumentar los ingresos de Tata; eran parte de la visión a largo plazo de Ratan Tata de reposicionar al grupo en el escenario mundial. La adquisición de **Jaguar Land Rover**, por ejemplo, marcó la entrada de Tata Motors en el mercado automotriz de lujo, expandiendo dramáticamente su presencia internacional. Los movimientos estratégicos de Ratan en el mercado global mostraron su ambición de convertir a Tata en un conglomerado de clase mundial que pudiera competir con los nombres más grandes de la industria.

5. Mantenimiento de la Gobernanza Ética y Responsabilidad Social

A lo largo del proceso de modernización y reestructuración, Ratan Tata permaneció profundamente comprometido con los valores fundamentales del grupo de **gobernanza ética** y **responsabilidad social**. Se aseguró de que el éxito del Grupo Tata estuviera siempre alineado con un compromiso hacia la mejora de la sociedad. Los **Fideicomisos Tata**, que controlan gran parte de la riqueza del grupo, continuaron financiando esfuerzos filantrópicos en educación, atención médica y desarrollo rural durante su mandato.

Mientras modernizaba el grupo, Ratan mantuvo un fuerte enfoque en la **sostenibilidad** y la **responsabilidad social corporativa**. El grupo invirtió en energías verdes y tecnologías sostenibles, asegurando que la modernización de las operaciones de Tata no se hiciera a expensas de la responsabilidad ambiental. Este equilibrio entre el progreso y la ética se convirtió en un sello distintivo del liderazgo de Ratan Tata.

Resistencia Interna: Superando Escepticismos y Ganando a los Críticos

Cuando Ratan Tata se convirtió en presidente del Grupo Tata en 1991, enfrentó una significativa resistencia interna dentro de la organización. Muchos de los ejecutivos senior del grupo, leales a su predecesor J.R.D. Tata, eran escépticos del estilo de liderazgo de Ratan y de sus planes de modernización. Esta resistencia derivaba de varios factores: una preferencia profundamente arraigada por el estilo de gestión descentralizada que había defendido J.R.D., una reticencia a aceptar la visión a largo plazo de Ratan para el grupo y una creencia de que el joven Tata, más reservado y menos flamboyante que su tío, carecía del carisma necesario para liderar un conglomerado tan vasto.

Desafíos de Heredar un Imperio Descentralizado

Bajo J.R.D. Tata, el Grupo Tata se había desarrollado en un imperio descentralizado, donde los jefes de varias subsidiarias operaban con considerable autonomía. Esta estructura otorgaba a empresas como Tata Steel, Tata Motors y Tata Chemicals la libertad de tomar decisiones independientes. Sin embargo, para cuando Ratan Tata asumió el mando, este modelo descentralizado había creado ineficiencias y una falta de dirección cohesiva dentro del conglomerado.

Los altos directivos se habían acostumbrado a esta autonomía y eran resistentes al cambio, especialmente cuando Ratan introdujo reformas destinadas a centralizar el control y optimizar las operaciones. Sus planes para imponer edades de jubilación, introducir evaluaciones de desempeño y hacer que las diversas subsidiarias informaran directamente a la oficina central fueron vistos como un desafío directo a su autoridad.

Además, muchos dentro de la empresa veían a Ratan Tata como un forastero. A pesar de ser miembro de la familia Tata, había pasado gran parte de su carrera en EE. UU. y se percibía que tenía menos experiencia directa en la gestión de los diversos intereses comerciales de Tata en comparación con J.R.D. Tata, quien había sido un líder activo durante más de 50 años. Este escepticismo llevó a un período de tensión interna, ya que los ejecutivos más antiguos, muchos de los cuales habían estado en sus roles durante décadas, resistieron los intentos de Ratan por modernizar el grupo.

Ganando a los Críticos con una Visión a Largo Plazo

A pesar de este escepticismo, Ratan Tata se mantuvo comprometido con su visión de transformar a Tata en un conglomerado competitivo a nivel mundial. Su enfoque en el crecimiento a largo plazo y la innovación comenzó a ganarse gradualmente a los críticos, ya que los resultados de sus reformas empezaron a dar fruto.

Introduciendo Liderazgo Más Joven: Uno de los primeros movimientos de Ratan fue introducir una edad de jubilación obligatoria para los altos ejecutivos. Esta decisión, aunque controvertida, le permitió incorporar líderes más jóvenes y dinámicos, mejor equipados para enfrentar los desafíos de una economía globalizada. Con el tiempo, esta inyección de talento fresco revitalizó al grupo y condujo a una mayor eficiencia e innovación en sus subsidiarias.

Adquisiciones Estratégicas y Expansión Global: La audaz visión de Ratan Tata para la expansión global ayudó a consolidar su liderazgo dentro de la empresa. Adquisiciones de alto perfil, como **Tetley Tea** en 2000, **Corus Steel** en 2007 y **Jaguar Land Rover** en 2008, demostraron su capacidad para pensar estratégicamente y posicionar a Tata como un jugador global. Estos movimientos no solo aumentaron los ingresos del grupo, sino que también diversificaron su cartera, reduciendo su dependencia del mercado indio. Si bien hubo preocupaciones iniciales sobre los riesgos involucrados en tales grandes adquisiciones, el éxito de estas empresas silenció a muchos de sus críticos dentro de la organización.

Enfoque en la Innovación: El énfasis de Ratan Tata en la innovación ayudó aún más a superar la resistencia interna. Su apoyo a proyectos como el **Tata Indica**, el primer automóvil desarrollado en India, y el **Tata Nano**, el automóvil más barato del mundo, mostró su compromiso con el desarrollo de nuevos productos que atendieran las necesidades del mercado indio. Aunque no todos estos proyectos fueron comercialmente exitosos, reforzaron la reputación de Tata como una empresa dispuesta a asumir riesgos en la búsqueda de la innovación.

Responsabilidad Social Corporativa: Otro elemento clave para ganar a los escépticos fue el compromiso inquebrantable de Ratan con la responsabilidad social corporativa. Mientras impulsaba la modernización y la rentabilidad, nunca perdió de vista el legado del Grupo Tata de prácticas empresariales éticas y bienestar social. A través de los **Tata Trusts**, el grupo continuó invirtiendo en educación, atención médica y desarrollo rural, asegurando que el éxito de la empresa beneficiara a la sociedad en su conjunto. Este enfoque en la responsabilidad social ayudó a alinear el liderazgo de Ratan con los valores de larga data del grupo, ganándose la confianza y el respeto de aquellos que inicialmente dudaron de su enfoque.

Paciencia, Persistencia y un Estilo de Liderazgo Silencioso

A diferencia de J.R.D. Tata, conocido por su estilo de liderazgo carismático y público, Ratan Tata lideró de una manera más silenciosa e introspectiva. Su personalidad reservada inicialmente dificultó que lograra reunir a los más veteranos detrás de su visión, pero su **paciencia** y **persistencia** dieron sus frutos. Con el tiempo, sus acciones y los resultados de sus reformas hablaron más que las palabras.

La capacidad de Ratan de mantenerse fiel a sus valores, mientras transformaba lenta pero constantemente al Grupo Tata, finalmente ganó a los escépticos. Su éxito en la centralización de la organización, la implementación de cambios estratégicos y el mantenimiento de un equilibrio entre la rentabilidad y la responsabilidad social le permitió consolidar su liderazgo y asegurar el crecimiento a largo plazo del grupo.

Reformas Éticas: Estableciendo Nuevos Estándares en Gobernanza Corporativa

Cuando Ratan Tata asumió la presidencia de Tata Sons en 1991, una de sus iniciativas clave fue fortalecer los **estándares de gobernanza corporativa y ética** en el diverso grupo de empresas Tata. Conocido por sus profundamente arraigados valores de integridad y transparencia, el compromiso de Tata de reformar la gobernanza corporativa tuvo un impacto de gran alcance, no solo dentro del Grupo Tata, sino también en la industria india. Sus reformas establecieron un nuevo referente para las **prácticas comerciales éticas** en el país, demostrando que la rentabilidad y la ética podían ir de la mano.

1. Gobernanza Centralizada y Responsabilidad

Bajo J.R.D. Tata, el Grupo Tata había operado con una estructura descentralizada, donde cada empresa disfrutaba de una autonomía significativa. Si bien este enfoque permitió que las empresas individuales crecieran, también condujo a ineficiencias y falta de responsabilidad. Ratan Tata reconoció la necesidad de una mayor supervisión y gobernanza centralizada para garantizar estándares consistentes en todo el grupo.

Introdujo una serie de reformas destinadas a **endurecer la gobernanza corporativa**. Primero, exigió que todas las empresas Tata informaran directamente a **Tata Sons**, la empresa matriz, creando una cadena de mando y responsabilidad más clara. Esto ayudó a establecer una estructura de gobernanza unificada que podía supervisar el rendimiento financiero y operativo de las diversas subsidiarias del grupo.

Además, Tata enfatizó la importancia de los **directores independientes** en las juntas de las empresas Tata. Este fue un paso crítico para asegurar que la toma de decisiones no estuviera impulsada únicamente por intereses internos, sino que también fuera examinada por expertos externos e independientes. Esta práctica de independencia en las juntas se convirtió en un modelo de gobernanza corporativa en toda India, destacando la importancia de la transparencia y los controles y equilibrios dentro de grandes organizaciones.

2. Establecimiento de Normas Éticas

Las reformas éticas de Ratan Tata no se limitaron a las estructuras de gobernanza; se extendieron a la **conducta moral y ética** de los negocios del grupo. Introdujo un **código de conducta** para empleados y gerentes de Tata, que enfatizaba valores como la integridad, la equidad y la responsabilidad. Este código se aplicaba a todas las empresas Tata y estaba diseñado para asegurar que la reputación de larga data de Tata por prácticas comerciales éticas se mantuviera incluso a medida que el grupo se expandía internacionalmente.

Uno de los momentos definitorios del liderazgo ético de Tata ocurrió durante el desarrollo del **Tata Indica**, el primer automóvil diseñado y fabricado en India. Tata Motors enfrentó demandas de corrupción por parte de funcionarios locales durante el lanzamiento del proyecto. Ratan Tata se negó a pagar sobornos, aunque esta decisión retrasó el proyecto. Esta postura reforzó el compromiso del grupo con prácticas comerciales limpias, incluso en entornos donde la corrupción era rampante.

El **Código de Conducta de Tata** también enfatizaba la responsabilidad del grupo hacia sus partes interesadas, incluidos empleados, clientes, accionistas y las comunidades en las que operaba. Este enfoque integral de la gobernanza ayudó a establecer a Tata como un modelo de responsabilidad social corporativa, mucho antes de que la RSC se convirtiera en una estrategia empresarial común.

3. Transparencia y Comunicación

Otro pilar de las reformas de Ratan Tata fue el enfoque en la **transparencia**. Creía que la gobernanza ética requería comunicación abierta, tanto interna como externamente. Bajo su liderazgo, las empresas Tata mejoraron sus divulgaciones financieras y estándares de informes, asegurando que los accionistas y el público tuvieran acceso a información clara y precisa sobre las operaciones del grupo.

Tata también fomentó una cultura de diálogo abierto dentro de la empresa. Creía en **empoderar a los empleados** para que expresaran preocupaciones e ideas, fomentando un ambiente donde la transparencia no fuera solo una directiva de arriba hacia abajo, sino un valor compartido en toda la organización. Esta cultura de apertura se extendió a las relaciones con las partes interesadas, donde las empresas Tata se involucraron más activamente con clientes, proveedores y la comunidad en general.

4. Liderazgo con el Ejemplo

Quizás una de las mayores contribuciones de Ratan Tata a la gobernanza ética fue su propio **liderazgo con el ejemplo**. Era conocido por su integridad personal y estilo de vida modesto, a pesar de liderar uno de los conglomerados empresariales más grandes y exitosos de India. Su enfoque hacia el liderazgo se basaba en la humildad y un compromiso con el bien común, cualidades que inculcó en la cultura corporativa de la empresa.

La participación personal de Tata en la **filantropía** reforzó aún más los fundamentos éticos del grupo. A través de los **Tata Trusts**, que controlan gran parte de la riqueza del grupo, Ratan Tata aseguró que una parte significativa de los beneficios de la empresa se reinvirtiera en la sociedad, financiando iniciativas en educación, atención médica y desarrollo rural. Su liderazgo demostró que el éxito empresarial y la responsabilidad social no eran mutuamente excluyentes, sino que podían, de hecho, reforzarse mutuamente.

5. Impacto en la Industria India

Las reformas de Ratan Tata establecieron un nuevo estándar para las empresas indias, muchas de las cuales habían sido criticadas anteriormente por la laxitud en la gobernanza corporativa y las prácticas éticas. Sus esfuerzos por elevar la barra en la gobernanza influyeron en otros grandes conglomerados indios, llevando a cambios más amplios en cómo operaban las empresas en todo el país. El ejemplo de Tata mostró que las empresas indias podían competir en el escenario global manteniendo altos estándares éticos.

Su énfasis en los directores independientes, la transparencia y la responsabilidad social también alineó al Grupo Tata con las mejores prácticas globales en gobernanza corporativa. Esto ayudó a las empresas Tata a asegurar inversiones y asociaciones internacionales, ya que los inversores globales reconocieron el valor de hacer negocios con un grupo conocido por su integridad.

Capítulo 3: Ingeniando un Imperio Global – Adquisiciones Estratégicas

Cuando Ratan Tata se convirtió en presidente del Grupo Tata en 1991, heredó un conglomerado que estaba predominantemente enfocado en el mercado indio. Si bien Tata ya era una de las entidades comerciales más grandes del país, Ratan imaginaba algo mucho más grandioso: convertir a Tata en un **jugador global** que pudiera competir con las empresas más grandes del mundo. Su enfoque para lograr esto fue audaz y decisivo, centrado en una serie de **adquisiciones estratégicas** que no solo expandirían la huella del grupo, sino que también elevarían su estatus en el escenario global.

La Visión de Ratan Tata: Competir a Nivel Global

El liderazgo de Ratan Tata llegó en un momento en que India estaba abriendo su economía al mundo a través de la liberalización económica. Reconociendo las oportunidades que presentaba la globalización, Tata vio la necesidad de que el grupo creciera más allá de las fronteras de India, diversificara sus fuentes de ingresos y compitiera en mercados internacionales. Su visión era transformar al Grupo Tata de una empresa predominantemente nacional a un conglomerado global con presencia en industrias clave como el acero, los automóviles y los bienes de consumo.

Para Ratan Tata, la expansión global no era solo entrar en nuevos mercados; se trataba de **transformar la identidad del Grupo Tata**. Quería que Tata fuera reconocida como una marca de clase mundial, conocida por su calidad, innovación y liderazgo ético. Para lograr esto, Tata tenía que hacer inversiones significativas en la adquisición de empresas globales consolidadas, particularmente en industrias donde el grupo pudiera aprovechar sus fortalezas.

1. Adquisición de Tetley Tea (2000)

Una de las primeras grandes adquisiciones internacionales de Ratan Tata fue la compra de **Tetley Tea** en 2000 por \$450 millones. Esta adquisición marcó un momento decisivo para el Grupo Tata, ya que fue la mayor toma de control de una empresa extranjera por una entidad india en ese momento. Tetley era una marca británica bien conocida, y su adquisición dio inmediatamente a Tata Global Beverages (entonces Tata Tea) una presencia significativa en el mercado internacional.

La adquisición de Tetley ayudó a Tata a acceder a los mercados globales del té y le brindó al grupo acceso a valiosas redes de distribución en Europa y América del Norte. Más importante aún, señaló la ambición del Grupo Tata de competir con gigantes globales de bienes de consumo. La marca establecida de Tetley también le dio a Tata una plataforma para una mayor expansión en el sector de bebidas, sentando las bases para un crecimiento futuro en productos de consumo.

2. Adquisición de Corus Steel (2007)

El siguiente movimiento importante de Ratan Tata llegó en 2007 con la adquisición de **Corus Steel**, un fabricante de acero británico-holandés, por \$12 mil millones. Este acuerdo convirtió a Tata Steel en uno de los mayores productores de acero del mundo. En ese momento, Corus era casi cuatro veces el tamaño de Tata Steel, lo que convirtió esta adquisición en un movimiento audaz y estratégico para expandir la huella global de Tata en la industria del acero.

La adquisición de Corus fue significativa no solo por su tamaño, sino también porque demostró la capacidad de Tata para pensar en grande y ejecutar complejas transacciones internacionales. Tata Steel, tradicionalmente centrada en el mercado indio, ahora tenía acceso a tecnologías avanzadas de producción de acero y una presencia en Europa, donde Corus contaba con sólidas relaciones con los clientes. La adquisición también permitió a Tata Steel diversificar su oferta de productos, pasando del acero de grado básico a productos de mayor valor para las industrias automotriz y de construcción.

A pesar de que la adquisición de Corus llegó con desafíos—particularmente la crisis financiera global de 2008 que afectó la demanda de acero—la estrategia a largo plazo de Tata Steel se benefició del acuerdo. Esto permitió a Tata emerger como un jugador clave en el mercado global de acero, capaz de competir con otros gigantes globales como ArcelorMittal.

3. Adquisición de Jaguar Land Rover (2008)

Quizás la más icónica de las adquisiciones globales de Ratan Tata fue la compra de **Jaguar Land Rover (JLR)** en 2008 a Ford Motor Company por $2.3 mil millones. Esta adquisición fue vista como altamente ambiciosa, ya que Jaguar y Land Rover eran marcas que enfrentaban dificultades en ese momento, plagadas de pérdidas financieras y cuestionamientos sobre su viabilidad a largo plazo.

A pesar de estos desafíos, Ratan Tata vio potencial en las marcas y creyó que con la inversión y dirección estratégica adecuadas, podrían ser recuperadas. Su confianza fue bien fundada. Bajo la propiedad de Tata, JLR experimentó un notable renacimiento. Al enfocarse en la innovación, el lujo y la expansión en mercados emergentes como China, JLR se convirtió en una de las divisiones más rentables del grupo.

La adquisición de JLR no solo elevó a Tata Motors al mercado global de automóviles de lujo, sino que también posicionó a la empresa como un actor significativo en la industria automotriz internacional. Fue un testimonio de la previsión de Ratan Tata y su capacidad para identificar activos subvalorados con potencial de crecimiento. La recuperación de JLR a menudo se cita como una de las adquisiciones más exitosas en la industria automotriz global.

4. Ampliación de la Influencia Global

Más allá de estas adquisiciones de alto perfil, Ratan Tata persiguió otras iniciativas globales que contribuyeron a la presencia internacional del grupo. Tata Chemicals se expandió en el mercado global mediante la adquisición de **General Chemical Industrial Products**, un productor de carbonato de sodio con sede en EE. UU. Mientras tanto, Tata Consultancy Services (TCS) creció hasta convertirse en una de las empresas de servicios de TI más grandes del mundo, con operaciones en más de 40 países.

Estas adquisiciones formaron parte de una estrategia más amplia para diversificar las fuentes de ingresos de Tata y reducir su dependencia del mercado indio. Al expandirse internacionalmente, Tata no solo ganó acceso a nuevos clientes y tecnologías, sino que también mitigó los riesgos asociados con operar en un solo mercado.

Una Visión a Largo Plazo

Las ambiciones globales de Ratan Tata estaban impulsadas por una visión a largo plazo. Entendió que aunque estas adquisiciones no generarían retornos inmediatos, posicionarían al Grupo Tata para un crecimiento sostenible en las próximas décadas. Su enfoque en adquirir marcas globales establecidas permitió a Tata escalar rápidamente y competir con gigantes internacionales.

Ratan Tata también se aseguró de que la expansión de Tata estuviera en línea con los **principios éticos** del grupo. Insistió en que las iniciativas globales de Tata cumplieran con los mismos estándares de gobernanza corporativa, sostenibilidad y responsabilidad social que definían las operaciones del grupo en India.

Tetley Tea (2000): Un Movimiento Audaz en la Expansión Global

La adquisición de **Tetley Tea** en 2000 fue un momento histórico para el Grupo Tata y una clara declaración de las ambiciones globales de Ratan Tata. En ese momento, fue la mayor compra de una empresa extranjera por una corporación india, marcando la seria entrada de Tata en los mercados internacionales. La compra de la compañía británica de té por **£271 millones** (aproximadamente $450 millones) fue un audaz movimiento estratégico que ayudó a Tata a establecerse como un jugador global en el sector de bebidas.

¿Por qué Tetley?

Fundada en 1837, **Tetley Tea** era una marca bien establecida con una presencia significativa en el Reino Unido, América del Norte y Europa. La compañía era conocida por haber sido pionera en el **bolsito de té** y era la segunda mayor empresa de té a nivel global en el momento de la adquisición. A pesar de su fuerte reconocimiento de marca, Tetley había estado enfrentando desafíos financieros, lo que la convertía en una candidata ideal para la adquisición.

Para Tata Tea (ahora **Tata Global Beverages**), esta adquisición fue más que solo aumentar ventas; se trató de **diversificación global** y de obtener acceso a redes de distribución establecidas en mercados internacionales clave. Aunque Tata Tea ya era una fuerza dominante en la industria del té en India, poseyendo el 80% de las plantaciones de té del país, carecía de una fuerte huella global. La adquisición de Tetley fue clave para cambiar eso.

Importancia Estratégica

La adquisición de Tetley marcó la transformación de Tata de un negocio centrado en India a un conglomerado internacional con intereses significativos fuera de India. Este acuerdo permitió a Tata Tea ingresar a los mercados de té premium de Europa y América del Norte, diversificando así su cartera de productos y reduciendo su dependencia del mercado indio. También le dio a Tata acceso a nuevos mercados, donde las preferencias de los consumidores por el té eran diferentes, permitiendo a la empresa innovar y crear productos adaptados a los gustos globales.

Además, la adquisición le dio a Tata control sobre una poderosa marca global, algo crucial para la estrategia a largo plazo del grupo. La visión de Ratan Tata era **competir con gigantes internacionales**, y esta adquisición fue el primer paso para convertir a Tata Tea en una empresa global de bebidas.

Desafíos Financieros y Culturales

La adquisición de Tetley no estuvo exenta de desafíos. El acuerdo se financió principalmente a través de **deuda**, y hubo escepticismo sobre si Tata Tea podría gestionar con éxito una compra internacional tan significativa. Además, las diferencias culturales entre los equipos británico e indio requirieron una cuidadosa integración para garantizar una transición fluida. Sin embargo, el liderazgo de Ratan Tata y la sólida base ética del grupo ayudaron a gestionar estos desafíos de manera efectiva.

Al mantener la identidad de marca de Tetley y aprovechar su presencia global, Tata Tea pudo no solo pagar la deuda adquirida con el tiempo, sino también hacer crecer a Tetley como un competidor más fuerte en el ámbito global. Esta adquisición se convirtió en un modelo para futuras adquisiciones de Tata, particularmente en cómo manejar acuerdos transfronterizos mientras se mantienen las prácticas empresariales éticas y sostenibles de Tata.

Ambiciones Globales Realizadas

La adquisición de Tetley preparó el terreno para una expansión global más ambiciosa. Fue la primera en una serie de adquisiciones de alto perfil que seguirían, incluyendo **Corus Steel** y **Jaguar Land Rover**, todas destinadas a posicionar al Grupo Tata como un importante conglomerado internacional. Aunque el acuerdo de Tetley no fue tan grande como estas adquisiciones posteriores, fue significativo porque marcó la primera gran incursión de Tata en el mercado global y demostró que las empresas indias podían competir a nivel internacional.

La adquisición de Tetley no solo se trató de agregar otra marca al portafolio de Tata; se trató de **enviar un mensaje**. Tata ya no estaba contento con ser un jugador regional. Este acuerdo fue una señal clara de que el grupo tenía aspiraciones globales y que, bajo el liderazgo de Ratan Tata, perseguiría esas ambiciones de manera agresiva e inteligente.

Legado de la Adquisición

Hoy, **Tata Global Beverages** es una de las mayores empresas de té del mundo, y Tetley sigue siendo una de sus marcas más valiosas. La adquisición ha demostrado ser una inversión exitosa a largo plazo, contribuyendo al crecimiento de los ingresos de Tata y estableciendo su presencia en mercados clave en todo el mundo. Además, sentó las bases para las posteriores iniciativas globales de Tata y ayudó a redefinir el papel de las empresas indias en los negocios internacionales.

La adquisición de Tetley se recuerda como el momento en que Tata Tea—y por extensión, el Grupo Tata—**cambió su enfoque hacia el exterior**, desencadenando una serie de eventos que convertirían al grupo en una potencia global. Este acuerdo no solo transformó el negocio de Tata, sino que también cambió la percepción de las empresas indias en el escenario global, demostrando que podían liderar e innovar en los mercados internacionales.

Adquisición de Corus (2007): Navegando los Desafíos de la Adquisición de un Gigante del Acero Europeo

En 2007, **Tata Steel** hizo uno de los movimientos más ambiciosos de su historia al adquirir al productor de acero anglo-neerlandés **Corus** por $12 mil millones, un acuerdo histórico que transformó a Tata en uno de los mayores productores de acero del mundo. La adquisición fue un momento definitorio tanto para **Ratan Tata** como para el Grupo Tata, marcando su transición de una empresa centrada en India a un jugador global en la industria del acero. Sin embargo, la adquisición también vino acompañada de desafíos significativos, tanto financieros como operativos, que pusieron a prueba la resiliencia de Tata Steel.

1. La Importancia Estratégica

La adquisición de Corus fue significativa en múltiples niveles. En ese momento, **Tata Steel** era un productor altamente eficiente, pero tenía una presencia global limitada, particularmente en Europa y América del Norte. Corus, por otro lado, era mucho más grande, con operaciones sustanciales en Europa, incluyendo plantas en el Reino

Unido y los Países Bajos. Al adquirir Corus, Tata Steel ganó instantáneamente acceso a tecnología avanzada de fabricación de acero, una base en mercados desarrollados y una sólida base de clientes en industrias como la construcción, automotriz y embalaje.

Este acuerdo también marcó la entrada de Tata Steel en el **segmento de acero de mayor valor**, como el acero de calidad automotriz, que era crucial para expandirse más allá de la producción de acero de mercancía. Complementó las capacidades de producción de bajo costo de Tata Steel en India con las líneas de productos más sofisticadas y tecnologías de procesamiento de Corus, creando un modelo de negocio verticalmente integrado que podría atender a una amplia gama de clientes globales.

2. Desafíos Enfrentados: Estrés Financiero y Condiciones del Mercado

Aunque estratégicamente sólido, la adquisición tuvo un costo—tanto literal como figurado. Tata Steel superó a la productora de acero brasileña **CSN** en una acalorada subasta para adquirir Corus, pagando finalmente **608 peniques por acción**, que muchos analistas consideraron un precio elevado. Financiar la adquisición requirió una combinación de deuda y capital, lo que aumentó significativamente el apalancamiento de Tata Steel.

El momento de la adquisición añadió al desafío. Poco después de que se cerrara el acuerdo a principios de 2007, la **crisis financiera global** golpeó, y la demanda de acero se desplomó. El colapso en los precios del acero y la severa recesión económica en Europa, particularmente en el Reino Unido, impactaron gravemente las operaciones de Corus. Lo que había parecido ser una adquisición estratégica sólida se convirtió en una carga financiera casi de la noche a la mañana, ya que Tata Steel tuvo que lidiar con la caída de ingresos, el aumento de costos operativos y la pesada deuda que había asumido para financiar el acuerdo.

La dirección de Tata tuvo que tomar medidas rápidas para abordar estos desafíos. Esto incluyó iniciativas de reducción de costos, reestructuración de operaciones en Corus, e inversiones para hacer más eficientes las operaciones europeas. A pesar de estos esfuerzos, las operaciones europeas de Corus continuaron siendo una fuente de tensión en las finanzas de Tata Steel durante varios años.

3. Desafíos de Integración y Culturales

Más allá de las presiones financieras, había **desafíos culturales y operativos**. Integrar una empresa europea como Corus, con sus prácticas comerciales establecidas, en un conglomerado indio no fue fácil. Corus tenía una larga historia en Europa y una fuerte fuerza laboral sindicalizada, mientras que Tata Steel tenía una reputación de ser ágil y eficiente. Gestionar estas diferencias mientras se fomentaba una cultura corporativa unificada a través de una organización tan grande requirió un esfuerzo considerable.

Sin embargo, el liderazgo de Ratan Tata ayudó a suavizar la integración. Su énfasis en las prácticas comerciales éticas, el bienestar de los empleados y la visión a largo plazo resonó con la fuerza laboral de Corus, aliviando gradualmente la fricción entre las dos organizaciones. El compromiso de Tata de revertir la situación de Corus mientras mantenía sus valores fundamentales ganó la aprobación de muchos de los escépticos iniciales.

4. Beneficios Estratégicos a Largo Plazo

A pesar de los desafíos iniciales, la adquisición de Corus finalmente dio sus frutos, aunque tomó años de reestructuración y adaptación a las condiciones del mercado global. Tata Steel pudo aprovechar la experiencia tecnológica de Corus y su acceso al mercado para expandir su huella en Europa y desarrollar productos de acero de alta gama. La adquisición posicionó a Tata Steel como un importante productor global de acero, clasificándola entre los 10 principales productores de acero en el mundo.

A largo plazo, la adquisición de Corus también preparó a Tata Steel para enfrentar futuros desafíos en la industria del acero. El conocimiento adquirido al gestionar operaciones complejas en Europa y manejar líneas de productos de alto valor ayudó a Tata Steel a mantenerse competitiva en un mercado cada vez más globalizado. Además, la adquisición estaba alineada con la visión de Ratan Tata de transformar el Grupo Tata en una **verdadera empresa global**, un objetivo que había estado trabajando constantemente con otras adquisiciones como Tetley Tea y Jaguar Land Rover.

Visión Estratégica: Equilibrando las Identidades Empresariales con el Ethos de Tata

El enfoque de Ratan Tata hacia las adquisiciones es ampliamente considerado como visionario, no solo por expandir la huella global del Grupo Tata, sino también por mantener las **identidades únicas** de las empresas adquiridas mientras se integraban en el **ethos tata** en general. Esta estrategia fue clave para la exitosa transformación de empresas como **Tetley**, **Corus Steel** y **Jaguar Land Rover** (JLR), asegurando que mientras contribuían al crecimiento de Tata, también retuvieran sus distintas posiciones en el mercado y valores de marca.

1. Preservando la Marca y el Legado

Un principio central de la estrategia de adquisición de Ratan Tata fue su **respeto por el legado** de las empresas que adquirió. Entendía que marcas icónicas como Tetley y JLR tenían un profundo significado emocional e histórico para sus mercados. En lugar de reestructurar estas empresas, Tata trabajó para **preservar sus identidades fundamentales**, permitiéndoles continuar operando como lo habían hecho, pero con el respaldo adicional de los recursos y el marco ético de Tata.

Por ejemplo, cuando **Tata Tea** adquirió **Tetley Tea** en 2000, Tata reconoció la posición de Tetley como una marca británica de confianza. En lugar de imponer prácticas comerciales indias a Tetley, Tata le permitió funcionar en gran medida de manera autónoma, mientras proporcionaba capital para ayudarle a expandir su presencia internacional. Este enfoque ayudó a Tetley a mantener su identidad como una marca de té premium en mercados como el Reino Unido, incluso mientras se convertía en parte de un conglomerado indio más grande.

De manera similar, **Jaguar Land Rover (JLR)**, adquirida en 2008, era una marca de automóviles de lujo en problemas en el momento de la compra. Sin embargo, Tata Motors bajo el liderazgo de Ratan Tata decidió no interferir en el diseño o la gestión de JLR. En su lugar, Tata invirtió fuertemente en innovación e investigación, asegurando que las marcas pudieran renacer. Este enfoque "sin intervenir" permitió a JLR reconstruir su reputación como fabricante de automóviles de lujo, con el respaldo del capital y los recursos de Tata.

2. Integrando el Ethos de Tata: Liderazgo Ético y Crecimiento a Largo Plazo

Si bien Ratan Tata fue cuidadoso al preservar las identidades distintas de las empresas, también se aseguró de que estuvieran integradas en el **ethos de prácticas comerciales éticas** y **crecimiento a largo plazo** de Tata. El Grupo Tata es conocido por su enfoque en la **responsabilidad social corporativa**, la sostenibilidad y la equidad hacia los empleados, y estos valores se infundieron sutilmente en las operaciones de las empresas recién adquiridas.

Por ejemplo, después de la adquisición de **Corus Steel** en 2007, Tata Steel realizó esfuerzos significativos para alinear las operaciones de la empresa con el compromiso de Tata con la sostenibilidad ambiental. Las plantas europeas de Corus adoptaron las estrategias de Tata para la **eficiencia energética** y la **reducción de carbono**, que se volvieron aún más cruciales tras la implementación de regulaciones europeas más estrictas sobre las emisiones industriales.

En **Jaguar Land Rover**, Tata Motors introdujo prácticas consistentes con el enfoque de larga data de Tata en el **bienestar de los empleados**. Aunque JLR continuó operando de manera independiente, la influencia de Tata se sintió en áreas como la **gobernanza ética**, la transparencia corporativa y la inversión en innovación a largo plazo—particularmente en el desarrollo de **vehículos eléctricos** y **tecnologías verdes**. Esta alineación con los valores éticos de Tata no interrumpió las operaciones de JLR, sino que proporcionó a la empresa una plataforma estable para crecer.

3. Empoderando el Liderazgo Local y Fomentando la Innovación

La estrategia de Ratan Tata también se destacó por empoderar al **liderazgo existente** de las empresas adquiridas para dirigir sus negocios mientras se les daba la libertad de innovar. En lugar de imponer un enfoque de arriba hacia abajo, Tata permitió que la gestión local tomara la iniciativa, confiando en que conocían sus mercados mejor que una autoridad externa.

Esto fue particularmente evidente en el caso de **Jaguar Land Rover**, donde Tata Motors permitió que la gestión británica de JLR continuara tomando decisiones clave sobre el desarrollo de productos y la dirección de la marca. El liderazgo en JLR tuvo plena autonomía para impulsar el negocio hacia adelante, lo que llevó al lanzamiento de nuevos modelos exitosos como el **Range Rover Evoque** y a un enfoque en **vehículos eléctricos**. Este enfoque sin intervenir empoderó a JLR para innovar y adaptarse a las condiciones cambiantes del mercado sin sentir que estaban restringidos por su nueva empresa matriz.

Lo mismo sucedió con **Tetley**, donde Tata Tea proporcionó respaldo financiero pero dejó la gestión diaria y las estrategias de mercado al equipo existente de Tetley. Esto permitió que Tetley se mantuviera competitiva en sus mercados tradicionales mientras se expandía a nuevos con el apoyo de Tata.

4. Visión a Largo Plazo sobre Ganancias a Corto Plazo

Otra característica definitoria de las adquisiciones de Ratan Tata fue su enfoque en el **crecimiento a largo plazo** en lugar de las ganancias a corto plazo. Tata no vio estas adquisiciones como oportunidades de ganancias rápidas, sino como inversiones en el futuro. Esto se ejemplifica mejor con la adquisición de **Jaguar Land Rover**, que inicialmente fue vista con escepticismo debido a las pérdidas financieras de JLR en ese momento.

La creencia de Ratan Tata en el potencial a largo plazo de las marcas dio sus frutos de manera espectacular. En pocos años, JLR se recuperó, reportando ganancias significativas y convirtiéndose en una de las divisiones más valiosas de Tata Motors. Este éxito se debió en gran parte a la disposición de Tata de invertir en el futuro de la empresa, permitiéndole crecer a su propio ritmo sin la presión de ofrecer retornos financieros inmediatos.

De manera similar, la adquisición de **Corus Steel** por parte de Tata Steel ayudó a transformar a Tata en uno de los mayores productores de acero del mundo. Aunque los primeros años después de la adquisición se marcaron por desafíos económicos y caídas en la industria del acero, el compromiso de Tata con la integración a largo plazo y la eficiencia operativa permitió que Tata Steel resistiera la tormenta y finalmente se beneficiara de las tecnologías avanzadas de Corus y su acceso al mercado europeo.

Capítulo 4: El Tata Nano y Más Allá – Innovación como Legado

El Nacimiento del Tata Nano: Implicaciones Sociales y Económicas

En 2008, Tata Motors, bajo el liderazgo visionario de Ratan Tata, presentó el **Tata Nano**, aclamado como el **automóvil más barato del mundo**. La idea detrás del Nano fue tan innovadora como simple: proporcionar transporte asequible y seguro a millones de indios, particularmente a la creciente **clase media** del país. Con un precio inicial de alrededor de ₹1 lakh (aproximadamente $2,500), el Nano tenía como objetivo reemplazar las motocicletas que eran un modo de transporte común para las familias de bajos ingresos en India. Aunque el Nano fue un logro de ingeniería y ambición social, su trayectoria también destacó los desafíos de desarrollar un producto para mercados masivos en una economía en rápida evolución.

La Visión Detrás del Nano

El Nano nació de la observación de Ratan Tata sobre familias indias viajando de manera precaria en motocicletas—frecuentemente con niños equilibrados entre los padres. Su visión era crear un vehículo asequible de cuatro ruedas que ofreciera **mayor seguridad** y **comodidad** para estas familias, brindándoles una alternativa aspiracional pero práctica. Tata Motors asumió el desafío de diseñar un automóvil que fuera rentable sin sacrificar características esenciales como seguridad, eficiencia de combustible y confiabilidad.

El eslogan del Nano, **"el automóvil del pueblo"**, era acertado: representaba la democratización de la propiedad de automóviles, que anteriormente era un lujo accesible principalmente a la clase media alta de India o segmentos más ricos. Para muchas familias, el Nano simbolizaba movilidad ascendente y progreso, ofreciendo un nuevo sentido de libertad y seguridad.

Ingeniería del Nano: Innovaciones y Compromisos

Diseñar un automóvil con un precio tan bajo requería **innovaciones radicales en ingeniería**. Tata Motors tuvo que repensar la fabricación tradicional de automóviles. Utilizaron materiales más ligeros, redujeron los costos de producción minimizando características innecesarias, y optaron por un **motor pequeño de 624 cc** que aún pudiera manejar condiciones urbanas y semiurbanas. El Nano era un vehículo compacto de motor trasero que acomodaba a cuatro pasajeros, y su diseño era deliberadamente minimalista para mantener bajo el costo.

En una era donde la mayoría de los automóviles de nivel de entrada costaban al menos el doble que el precio del Nano, Tata Motors revolucionó la industria ofreciendo una combinación sin precedentes de asequibilidad y accesibilidad. Sin embargo, hubo compromisos: el modelo base carecía de características básicas como dirección asistida, aire acondicionado y bolsas de aire—lujos que se consideraban estándar incluso en automóviles económicos a nivel mundial. Estas omisiones eran necesarias para mantener bajos los costos pero afectaron posteriormente su atractivo en los mercados urbanos.

Implicaciones Económicas: Un Nuevo Segmento de Mercado

El Nano fue diseñado para la **emergente clase media** de India, una demografía que había estado expandiéndose rápidamente debido a la liberalización económica en las décadas de 1990 y 2000. Para 2008, millones de familias indias estaban experimentando un crecimiento financiero modesto, pero un automóvil privado seguía siendo inalcanzable. El Nano creó un **nuevo segmento de consumidores**, muchos de los cuales anteriormente solo podían permitirse motocicletas o scooters. Tata esperaba que este segmento adoptara el Nano como un símbolo de progreso económico.

Desde un punto de vista económico, el Nano tenía el potencial de **transformar el mercado automotriz de India**. Se posicionó como un automóvil de nivel de entrada que podría traer millones de nuevos clientes a la economía automotriz formal, estimulando la demanda de automóviles, combustible, seguros y servicios. Además, la producción del Nano apoyó miles de empleos, tanto directa como indirectamente, desde trabajadores de fábricas hasta proveedores de componentes.

La asequibilidad del Nano también creó un efecto dominó en la industria, empujando a los competidores a repensar sus propias estrategias de precios para vehículos de nivel de entrada. Al establecer un nuevo piso de precios, Tata Motors desafió a los fabricantes de automóviles establecidos a reconsiderar cómo atender el vasto y diverso mercado de India.

Implicaciones Sociales: Movilidad y Empoderamiento

A nivel social, el Nano llevaba profundas implicaciones para la **movilidad** y el **empoderamiento**. Para millones de familias indias, poseer un automóvil no era solo una cuestión de conveniencia, sino también un símbolo de logro y dignidad. Al hacer que la propiedad de automóviles fuera alcanzable, Tata Motors ayudó a las familias a experimentar un nuevo sentido de **libertad** y **seguridad**, particularmente para mujeres y niños, que anteriormente habían estado expuestos a los peligros de calles congestionadas y tráfico impredecible en dos ruedas.

El Nano también representaba **el ascenso de India en el escenario global**. La industria automotriz internacional observó con gran interés cómo Tata Motors lanzaba el Nano, mostrando la capacidad de India para innovar y producir un vehículo funcional de bajo costo que podría potencialmente alterar los mercados globales. El automóvil fue un testimonio de la ingeniosidad de la ingeniería india y ofreció esperanza de que se pudieran desarrollar soluciones asequibles para otras necesidades básicas en mercados emergentes.

Desafíos y Recepción del Mercado

A pesar de su potencial, el Nano enfrentó desafíos significativos, particularmente en términos de **percepción pública**. Si bien fue comercializado como "el automóvil más barato del mundo", esta marca, involuntariamente, tuvo un efecto adverso. Para muchos, especialmente en la India urbana, el Nano llegó a asociarse con un **producto "barato"** en lugar de uno asequible. Los consumidores de clase media, a quienes Tata Motors esperaba atraer, a menudo preferían automóviles que conferían estatus social, y el Nano luchó por cumplir con estas expectativas aspiracionales.

También surgieron preocupaciones de seguridad después de informes de algunos vehículos que se incendiaban, lo que afectó aún más el atractivo del Nano. Aunque Tata Motors abordó rápidamente estos problemas, el daño a la reputación del Nano fue difícil de superar. Además, el surgimiento de competidores asequibles y ricos en características en el segmento de automóviles de nivel de entrada disminuyó la ventaja de precio del Nano con el tiempo.

El Legado del Nano: Innovación y Lecciones Aprendidas

A pesar de sus desafíos, el **Tata Nano** sigue siendo un capítulo significativo en la historia de la ingeniería automotriz india. Puso a prueba los límites de lo que era posible en la fabricación de automóviles de bajo costo y estableció a India como un centro de **innovación frugal**—creando productos de alto valor a bajo costo. El Nano también obligó a los fabricantes de automóviles globales a repensar sus estrategias para los mercados emergentes, donde la sensibilidad al precio a menudo supera el lujo.

El legado del Nano perdura como un estudio de caso sobre las complejidades de combinar **ambición social** con éxito comercial. Demostró cómo un producto diseñado para satisfacer una **necesidad social crítica**—en este caso, un transporte asequible y seguro—puede enfrentar obstáculos cuando entra en conflicto con las **percepciones de**

estatus y aspiraciones de los consumidores. También subrayó la importancia del **branding**, mostrando que incluso las innovaciones más bien intencionadas requieren un delicado equilibrio entre beneficios prácticos y atractivo emocional.

En resumen, el Tata Nano, aunque no fue el éxito comercial que Tata Motors había esperado, dejó una huella indeleble en la industria automotriz global y en el tejido social de India. Abrió la puerta a nuevas posibilidades para la movilidad masiva y será recordado para siempre como un ejemplo de cómo visiones audaces pueden transformar mercados y vidas.

El Nacimiento del Tata Nano: Implicaciones Sociales y Económicas

En 2008, Tata Motors, bajo el liderazgo visionario de Ratan Tata, presentó el **Tata Nano**, proclamado como el **automóvil más barato del mundo**. La idea detrás del Nano era tan innovadora como sencilla: proporcionar transporte asequible y seguro a millones de indios, particularmente a la creciente **clase media** del país. Con un precio inicial de alrededor de ₹1 lakh (aproximadamente $2,500), el Nano tenía como objetivo reemplazar a las motocicletas, que eran un modo de transporte común para las familias de bajos ingresos en India. Aunque el Nano fue un logro de ingeniería y ambición social, su trayectoria también destacó los desafíos de desarrollar un producto para mercados masivos en una economía que evoluciona rápidamente.

La Visión Detrás del Nano

El Nano nació de la observación de Ratan Tata sobre familias indias viajando precariously en motocicletas—frecuentemente con niños equilibrados entre los padres. Su visión era crear un vehículo de cuatro ruedas asequible que ofreciera **mayor seguridad** y **comodidad** para estas familias, brindándoles una alternativa aspiracional pero práctica. Tata Motors asumió el desafío de diseñar un automóvil que fuera rentable sin sacrificar características esenciales como seguridad, eficiencia de combustible y fiabilidad.

El eslogan del Nano, **"el automóvil del pueblo"**, era apropiado: representaba la democratización de la propiedad de automóviles, que anteriormente era un lujo accesible principalmente a la clase media alta o a segmentos más ricos de India. Para muchas familias, el Nano simbolizaba la movilidad ascendente y el progreso, ofreciendo un nuevo sentido de libertad y seguridad.

Ingeniería del Nano: Innovaciones y Compromisos

Diseñar un automóvil con un precio tan bajo requería **innovaciones radicales en ingeniería**. Tata Motors tuvo que repensar la fabricación de automóviles tradicional. Usaron materiales más ligeros, redujeron los costos de producción minimizando características innecesarias y optaron por un **motor pequeño de 624 cc** que aún pudiera manejar condiciones urbanas y semiurbanas. El Nano era un vehículo compacto con motor trasero que podía llevar a cuatro pasajeros, y su diseño era deliberadamente minimalista para mantener el precio bajo.

En una época en que la mayoría de los automóviles de entrada costaban al menos el doble del precio del Nano, Tata Motors revolucionó la industria al ofrecer una combinación sin precedentes de asequibilidad y accesibilidad. Sin embargo, hubo compensaciones: el modelo base carecía de características básicas como dirección asistida, aire acondicionado y airbags—lujos que se consideraban estándar incluso en automóviles económicos a nivel mundial. Estas omisiones eran necesarias para mantener bajos los costos, pero más tarde afectaron su atractivo en los mercados urbanos.

Implicaciones Económicas: Un Nuevo Segmento de Mercado

El Nano fue diseñado para la **emergente clase media** de India, un demográfico que había estado expandiéndose rápidamente debido a la liberalización económica en los años 90 y 2000. Para 2008, millones de familias indias estaban experimentando un modesto crecimiento financiero, pero poseer un automóvil privado seguía fuera de su alcance.

El Nano creó un **nuevo segmento de consumidores**, muchos de los cuales anteriormente solo podían permitirse motocicletas o scooters. Tata esperaba que este segmento adoptara el Nano como un símbolo de progreso económico.

Desde un punto de vista económico, el Nano tenía el potencial de **transformar el mercado automotriz de India**. Se posicionó como un automóvil de entrada que podría atraer a millones de nuevos clientes a la economía automotriz formal, estimulando la demanda de automóviles, combustible, seguros y servicios. Además, la producción del Nano apoyó miles de empleos, tanto directa como indirectamente, desde trabajadores de fábrica hasta proveedores de componentes.

La asequibilidad del Nano también creó un efecto dominó en la industria, empujando a los competidores a repensar sus propias estrategias de precios para vehículos de entrada. Al establecer un nuevo precio base, Tata Motors desafió a los fabricantes de automóviles establecidos a reconsiderar cómo servir al vasto y diverso mercado de India.

Implicaciones Sociales: Movilidad y Empoderamiento

A un nivel social, el Nano llevaba profundas implicaciones para la **movilidad** y el **empoderamiento**. Para millones de familias indias, poseer un automóvil no era solo una cuestión de conveniencia, sino también un símbolo de logro y dignidad. Al hacer que la propiedad de automóviles fuera alcanzable, Tata Motors ayudó a las familias a experimentar un nuevo sentido de **libertad** y **seguridad**, particularmente para mujeres y niños, que anteriormente habían estado expuestos a los peligros de las calles concurridas y el tráfico impredecible en dos ruedas.

El Nano también representaba **el ascenso de India en el escenario global**. La industria automotriz internacional observó con gran interés cómo Tata Motors lanzaba el Nano, mostrando la capacidad de India para innovar y producir un vehículo funcional y de bajo costo que podría potencialmente alterar los mercados globales. El automóvil era un testimonio de la ingeniosidad de la ingeniería india y ofrecía esperanza de que se pudieran desarrollar soluciones asequibles para otras necesidades básicas en mercados emergentes.

Desafíos y Recepción en el Mercado

A pesar de su potencial, el Nano enfrentó desafíos significativos, particularmente en términos de **percepción pública**. Aunque se comercializó como el "automóvil más barato del mundo", este branding resultó ser contraproducente. Para muchos, especialmente en la India urbana, el Nano llegó a asociarse con un **producto "barato"** en lugar de uno asequible. Los consumidores de clase media, a quienes Tata Motors había esperado atraer, a menudo preferían automóviles que conferían estatus social, y el Nano luchó por satisfacer estas expectativas aspiracionales.

También surgieron preocupaciones de seguridad después de informes de algunos vehículos que se incendiaron, lo que disminuyó aún más el atractivo del Nano. Aunque Tata Motors abordó rápidamente estos problemas, el daño a la reputación del Nano fue difícil de superar. Además, el surgimiento de competidores asequibles y ricos en características en el segmento de automóviles de entrada disminuyó la ventaja de precio del Nano con el tiempo.

El Legado del Nano: Innovación y Lecciones Aprendidas

A pesar de sus desafíos, el **Tata Nano** sigue siendo un capítulo significativo en la historia de la ingeniería automotriz india. Amplió los límites de lo que era posible en la fabricación de automóviles de bajo costo y estableció a India como un centro para la **innovación frugal**—creando productos de alto valor a bajo costo. El Nano también obligó a los fabricantes de automóviles globales a repensar sus estrategias para los mercados emergentes, donde la sensibilidad al precio a menudo supera al lujo.

El legado del Nano perdura como un estudio de caso sobre las complejidades de combinar **ambición social** con éxito comercial. Demostró cómo un producto diseñado para satisfacer una **necesidad social crítica**—en este caso, un transporte asequible y seguro—puede enfrentar obstáculos cuando entra en conflicto con las **percepciones de estatus** y aspiraciones de los consumidores. También subrayó la importancia del **branding**, mostrando que incluso las innovaciones más bien intencionadas requieren un delicado equilibrio entre beneficios prácticos y atractivo emocional.

En resumen, el Tata Nano, aunque no fue el éxito comercial que Tata Motors había esperado, dejó una huella indeleble en la industria automotriz global y en el tejido social de India. Abrió la puerta a nuevas posibilidades para la movilidad masiva y será recordado para siempre como un ejemplo de cómo visiones audaces pueden transformar mercados y vidas.

Desafíos y Controversias: El Viaje del Tata Nano

El lanzamiento del **Tata Nano** en 2008 generó titulares globales como el **automóvil más barato del mundo**, prometiendo revolucionar la movilidad personal en India. A pesar de sus grandes ambiciones y diseño innovador, el Nano enfrentó numerosos desafíos y controversias, desde **retrasos de producción** hasta **preocupaciones por la seguridad**, y **problemas de percepción del mercado** que finalmente socavaron su éxito comercial. Sin embargo, el Nano se mantiene como un símbolo de la **mentalidad innovadora** de Ratan Tata y su compromiso de hacer que el transporte asequible sea accesible para millones de indios.

1. Problemas de Producción: Retrasos y Reubicación

La producción del Nano estuvo plagada de retrasos y contratiempos significativos. Inicialmente, Tata Motors planeaba producir el Nano en una nueva fábrica en **Singur, Bengala Occidental**. Sin embargo, el proyecto se vio envuelto en una controversia política sobre la adquisición de tierras. Los agricultores locales y los partidos políticos protestaron contra la decisión del gobierno de destinar tierras agrícolas fértiles para uso industrial, lo que llevó a enfrentamientos violentos y un prolongado descontento.

En 2008, tras meses de protestas, Tata Motors tomó la costosa decisión de **reubicar la planta de producción del Nano** a Sanand, Gujarat. La reubicación causó retrasos significativos en el cronograma de producción del Nano, afectando su impulso inicial. El traslado a Gujarat también requirió inversiones sustanciales, ya que Tata tuvo que construir una nueva fábrica desde cero, lo que puso una presión financiera sobre el proyecto antes de que el automóvil siquiera saliera al mercado.

El retraso en la producción significó que el Nano perdió su ventana de lanzamiento original, dando a los competidores más tiempo para responder con sus propios modelos asequibles. Esta pérdida de impulso contribuyó a la lucha del automóvil por ganar tracción en el altamente competitivo mercado automotriz indio.

2. Preocupaciones de Seguridad y Reacciones Mixtas

Una vez que el Nano fue finalmente lanzado, enfrentó otra gran controversia: **preocupaciones por la seguridad**. Varios modelos iniciales del Nano experimentaron incidentes en los que el automóvil se incendiaba, lo que generó temores generalizados sobre su fiabilidad y seguridad. Aunque Tata Motors investigó y abordó rápidamente el problema, afirmando que los incendios fueron causados por componentes defectuosos y no por fallas de diseño, el daño a la reputación del Nano fue difícil de deshacer.

Estos incidentes contribuyeron a una **percepción pública negativa** del automóvil como inseguro, particularmente en un mercado donde los consumidores se volvían cada vez más conscientes de las características de seguridad. La **falta de airbags** y otras características de seguridad estándar, que fueron omitidas para mantener bajos los costos, alimentaron aún más las preocupaciones.

Las reacciones al Nano también fueron mixtas desde un punto de vista **cultural y social**. Mientras Tata Motors posicionó el Nano como un automóvil para la **clase media aspiracional** de India, muchos consumidores se sintieron desanimados por su branding como el "automóvil más barato del mundo". En India, la propiedad de automóviles a menudo se asocia con estatus y éxito, y la asequibilidad del Nano, en lugar de ser vista como una virtud, llevó a algunos a verlo como un "**automóvil del hombre pobre.**" Esta percepción dañó su atractivo, especialmente entre los consumidores urbanos que preferían vehículos ligeramente más caros que conferían mayor estatus social.

3. Rendimiento en el Mercado: Una Decepción Comercial

A pesar de la emoción que rodeó su lanzamiento, el **rendimiento en el mercado** del Nano estuvo muy por debajo de las expectativas. Tata Motors proyectó inicialmente ventas de alrededor de 250,000 unidades por año, pero en realidad, las ventas alcanzaron un pico de **74,527 unidades** en 2011-2012 y luego disminuyeron constantemente. Para 2018, Tata Motors detuvo por completo la producción del Nano, marcando el final de su ambicioso viaje.

Varios factores contribuyeron a la decepción comercial del Nano:

Brecha de Percepción de Precio: Aunque el precio del Nano era un punto de venta, irónicamente se convirtió en un obstáculo. Muchos compradores potenciales se sintieron desanimados por la imagen "barata" del automóvil, prefiriendo invertir un poco más en automóviles que ofrecieran más características y prestigio.

Aumento de Costos: Con el tiempo, el costo de producción aumentó, y el precio base del Nano subió de ₹1 lakh ($2,500) a ₹2.36 lakh ($3,700), erosionando su ventaja competitiva como el automóvil más barato.

Expectativas de Características: A medida que la clase media india evolucionaba, las expectativas de los consumidores crecieron. Los compradores querían más características como aire acondicionado, dirección asistida y mejoras en seguridad, que faltaban en el modelo base del Nano. Tata Motors más tarde introdujo versiones mejor equipadas del Nano, pero para entonces, el entusiasmo inicial había disminuido.

4. Símbolo de Innovación: Un Intento Audaz a Pesar de los Desafíos

A pesar de sus dificultades comerciales, el Tata Nano sigue siendo un **símbolo de innovación y ambición**. Representó la creencia de Ratan Tata en **la ingeniería frugal**, donde se podían desarrollar productos de vanguardia a un costo mínimo para atender las necesidades de los mercados emergentes. El Nano fue un ejemplo de cómo las empresas indias podían ser pioneras en soluciones para sus desafíos únicos.

El desarrollo del automóvil también marcó una nueva era de **ingenio automotriz** en India. Obliga a los fabricantes de automóviles globales a repensar su enfoque para desarrollar vehículos asequibles para consumidores de bajos ingresos, especialmente en mercados como India y África, donde las limitaciones económicas a menudo restringen el acceso a productos diseñados para países más ricos.

El Nano también amplió los límites de lo que era posible en términos de **innovación que ahorra costos**. Tata Motors simplificó el diseño y el proceso de producción, haciendo que el automóvil fuera asequible sin comprometer la funcionalidad esencial de un vehículo de entrada. Este espíritu de innovación estaba alineado con la filosofía más amplia de Ratan Tata de utilizar la tecnología y los negocios para resolver problemas sociales.

5. Legado del Nano: Lecciones Aprendidas

Aunque el Nano no logró el éxito comercial, dejó un legado duradero en la industria automotriz de India y en el contexto más amplio de la innovación empresarial. Tata Motors aprendió lecciones valiosas sobre la importancia de **la marca**, **la gestión de la percepción**, y **la**

comprensión de las aspiraciones del consumidor. El viaje del Nano también ilustró la compleja interacción entre **asequibilidad** y **estatus** en los mercados emergentes, donde la opción más barata no siempre es la más deseable.

En retrospectiva, la historia del Nano sirve como un **estudio de caso en innovación**, revelando las dificultades de convertir una idea revolucionaria en un éxito en el mercado. El Nano sigue siendo un recordatorio de la necesidad de que las empresas **equilibren costo, calidad y expectativas del consumidor**, particularmente al dirigirse a un mercado tan diverso y complejo como el de India.

Conclusión: Una Visión Audaz, una Realidad Compleja

El Tata Nano, aunque no fue un triunfo comercial, es recordado por su **visión audaz** de democratizar la propiedad de automóviles en India. A pesar de los contratiempos en la producción, las preocupaciones de seguridad y los desafíos del mercado, sigue siendo un testimonio de **la mentalidad innovadora de Tata**—un compromiso de superar los límites de la ingeniería y los negocios para el bien social. Aunque el Nano no alcanzó la escala que Ratan Tata había imaginado, su legado sigue vivo como un símbolo de cómo las ideas audaces pueden inspirar tanto admiración como lecciones críticas en el mundo empresarial.

Tata Motors: De Jugador Local a Competidor Global en la Industria Automotriz

Tata Motors ha experimentado una transformación notable, pasando de ser un fabricante local en India a un nombre reconocido a nivel mundial en la industria automotriz. Bajo el liderazgo de **Ratan Tata**, la compañía adoptó estrategias audaces, incluidas adquisiciones, innovación y diversificación de mercados, que la catapultaron de ser un jugador doméstico a una fuerza competitiva en el escenario global.

1. Comienzos Humildes: Un Enfoque en Vehículos Comerciales

Tata Motors se estableció en 1945 como **Tata Engineering and Locomotive Co. Ltd. (TELCO)**, enfocándose inicialmente en la fabricación de locomotoras y otro equipo de ingeniería pesada. En 1954, Tata Motors ingresó al **mercado de vehículos comerciales** a través de una colaboración con Daimler-Benz, produciendo camiones y autobuses. A lo largo de las décadas siguientes, Tata Motors se convirtió en un líder en el segmento de vehículos comerciales de India, una posición que continúa ocupando hasta hoy.

Para la década de 1990, la compañía se había establecido como el mayor fabricante de **camiones y autobuses** en India, beneficiándose de las crecientes necesidades de infraestructura del país. Sin embargo, el mercado de vehículos de pasajeros seguía siendo en gran medida inexplorado, y Tata Motors se dio cuenta de que este sector sería crítico para su crecimiento a largo plazo.

2. Ingreso al Mercado de Vehículos de Pasajeros

En 1991, Tata Motors, bajo el liderazgo visionario de Ratan Tata, lanzó su primer vehículo de pasajeros, el **Tata Sierra**, un SUV que atendía a la creciente clase media de India. Sin embargo, fue el lanzamiento del **Tata Indica** en 1998 el que marcó la verdadera entrada de la compañía en el segmento de automóviles de pasajeros. El Indica fue **el primer automóvil desarrollado en India**, representando la capacidad de Tata Motors para diseñar un vehículo adaptado a las necesidades y aspiraciones de los consumidores indios.

El Indica fue diseñado para ofrecer una combinación de espacio, eficiencia de combustible y asequibilidad, atrayendo a la creciente clase media de India. A pesar del escepticismo inicial del mercado, el Indica ganó una tracción significativa, convirtiéndose eventualmente en uno de los automóviles más vendidos en India. El éxito del Indica demostró que Tata Motors podía competir con los fabricantes de automóviles internacionales en su mercado local, sentando las bases para el crecimiento futuro.

3. Expansión Global: Adquisiciones Estratégicas

La visión de Ratan Tata se extendía mucho más allá del mercado indio. A principios de la década de 2000, Tata Motors comenzó a buscar oportunidades para expandir su huella global. El primer gran movimiento llegó en 2004, cuando Tata Motors adquirió **Daewoo Commercial Vehicle Company**, el segundo mayor fabricante de camiones de Corea del Sur. Esta adquisición no solo ayudó a Tata a establecerse en el mercado global de vehículos comerciales, sino que también le proporcionó acceso a tecnología avanzada y procesos de producción.

Sin embargo, fue la **adquisición de Jaguar Land Rover (JLR)** en 2008 la que verdaderamente marcó su surgimiento como un jugador global. En un acuerdo valorado en **2.3 mil millones de dólares**, Tata Motors adquirió las icónicas marcas británicas de lujo de Ford Motor Company. En ese momento, JLR estaba luchando con pérdidas financieras y un futuro incierto. Muchos cuestionaron si una compañía india podría gestionar con éxito y revivir marcas tan prestigiosas.

Sin embargo, bajo la propiedad de Tata Motors, **Jaguar Land Rover** experimentó un notable resurgimiento. Tata Motors invirtió fuertemente en desarrollo de productos, investigación y en expandir el alcance global de JLR, enfocándose en la innovación y nuevas tecnologías como **vehículos eléctricos**. La adquisición permitió a Tata Motors entrar en el **mercado de automóviles de lujo**, un salto significativo desde sus raíces como fabricante de vehículos comerciales y de pasajeros asequibles. Para 2013, JLR había vuelto a la rentabilidad y se convirtió en uno de los activos más valiosos de Tata Motors, contribuyendo significativamente a los ingresos globales del grupo.

4. Innovación e Ingeniería: El Tata Nano y Más Allá

A lo largo de su trayectoria, Tata Motors ha mantenido un enfoque constante en la innovación. Un ejemplo destacado de esto fue la introducción del **Tata Nano** en 2008, que, a pesar de sus desafíos, destacó el compromiso de Tata con **la ingeniería frugal**. El Nano fue el automóvil más barato del mundo, diseñado para proporcionar transporte asequible y seguro a la creciente clase media de India. Aunque el automóvil no logró el éxito comercial esperado, demostró la capacidad de Tata Motors para ampliar los límites de la innovación y captar la atención global.

Más allá del Nano, Tata Motors ha invertido fuertemente en **vehículos eléctricos (EVs)** y **soluciones de movilidad sostenible**, reconociendo la creciente importancia de la sostenibilidad ambiental en la industria automotriz global. El **Tigor EV** y el **Nexon EV** son algunas de las ofertas clave de la compañía en el mercado indio de vehículos eléctricos, posicionando a Tata Motors como un líder en la revolución de los EV en el país.

5. El Competidor Global: Presencia Actual y Perspectivas Futuras

Hoy en día, Tata Motors es uno de los mayores fabricantes de automóviles del mundo, con presencia en más de 175 países. La compañía produce una amplia gama de vehículos, desde automóviles asequibles y camiones comerciales hasta sedanes de lujo y SUV a través de su división JLR. En **2022**, Tata Motors se convirtió en el tercer mayor fabricante de automóviles en India, y JLR ha consolidado su posición como una marca de lujo global, con fuertes ventas en mercados como **China, Europa y América del Norte**.

El **portafolio de productos diversificado de Tata Motors**, combinado con su continuo enfoque en la innovación y la sostenibilidad, ha consolidado su lugar como un jugador automotriz global. Sus inversiones en movilidad eléctrica, particularmente en mercados como India y el Reino Unido, subrayan el compromiso de Tata Motors de liderar la **transición a la energía limpia** en la industria automotriz.

Tata Consultancy Services (TCS): La Emergencia del Brazo de TI de Tata como un Líder Global

Tata Consultancy Services (TCS), el brazo de servicios de TI del **Grupo Tata**, se ha convertido en una de las compañías de tecnología más grandes e influyentes del mundo. Fundada en 1968, TCS comenzó como un modesto proveedor de servicios de software y ahora es un líder global en servicios de TI, consultoría y soluciones empresariales, con operaciones en más de **50 países** y una fuerza laboral de más de **600,000 empleados**. Su trayectoria de ser un jugador regional de TI a una potencia global es una historia de liderazgo visionario, crecimiento estratégico y un enfoque incansable en la innovación.

Primeros Comienzos: Los Fundamentos Visionarios de TCS

En **1968**, **Tata Consultancy Services (TCS)** fue fundada por **F.C. Kohli**, inicialmente como una división de **Tata Sons**. En ese momento, el concepto de **tecnología de la información (TI)** estaba aún en sus etapas iniciales, particularmente en **India**, donde la industria tecnológica apenas era un punto en el radar global. **TCS** surgió como un pionero, identificando desde el principio que el futuro residía en **externalizar servicios de software** a clientes tanto en India como en el extranjero. La demanda global de soluciones de software, especialmente en los **EE.UU.** y **Europa**, comenzaba a florecer, a medida que las empresas buscaban formas de **reducir costos** mediante la externalización de tareas como el desarrollo y mantenimiento de software.

Pero **TCS** no solo estaba siguiendo la tendencia; estaban estableciendo el escenario. Uno de sus avances más significativos llegó en la **década de 1970**, cuando desarrollaron un **sistema electrónico de depósito y negociación** para el **mercado de valores suizo**, uno de los primeros sistemas de este tipo en el mundo. Esto no fue solo un logro en su haber; fue una señal al mundo de que **TCS** no era solo otra empresa de software; eran innovadores. Este **éxito** sentó las bases para la **reputación global de TCS como líder en soluciones de TI**.

A lo largo de las siguientes décadas, **TCS** amplió sus horizontes, pasando de servicios de software básicos a centrarse en **integración de sistemas**, **consultoría de TI**, y **desarrollo de software**. La compañía evolucionó para satisfacer las crecientes y cambiantes demandas del **mercado global**, estableciéndose no solo como una potencia de TI india, sino como un **líder global** en **externalización y consultoría de TI**.

2. Expansión Global: Aprovechando la Oportunidad de Externalización de TI

Para la **década de 1990**, la demanda global de servicios de TI externalizados estaba en auge, y TCS estaba bien posicionada para capitalizar este crecimiento. La compañía adoptó un **"modelo de entrega global"**, que le permitió ofrecer servicios desde India a una fracción del costo de los competidores occidentales. Este modelo se convirtió en la base de la industria de externalización de TI, permitiendo a TCS ofrecer servicios de alta calidad a través de fronteras mientras mantenía bajos los costos operativos.

TCS se expandió agresivamente en mercados internacionales, particularmente en los **Estados Unidos**, **Europa**, y **Asia**, estableciendo centros de desarrollo en múltiples países. Se convirtió en un pionero en **la externalización**, aprovechando la mano de obra calificada y angloparlante de India para satisfacer la creciente demanda global de servicios de software y soluciones de TI.

Uno de los hitos clave para TCS fue su **oferta pública inicial (IPO) en 2004**, que marcó su transición de una división dentro de Tata Sons a una compañía independiente que cotiza en bolsa. La IPO fue muy exitosa, convirtiendo a TCS en una de las empresas más valiosas de India. Este movimiento también ayudó a aumentar su visibilidad en los mercados globales y atraer más inversiones para la expansión.

3. Impulsando la Innovación y la Transformación Digital

A medida que la industria global de TI evolucionaba rápidamente, **Tata Consultancy Services (TCS)** no solo se mantuvo al día, sino que se posicionó como un líder al sumergirse en **tecnologías emergentes** como **computación en la nube, inteligencia artificial (IA), ciberseguridad** y **análisis de datos**. Siempre un paso adelante de las tendencias de la industria, TCS reconoció la importancia de la **transformación digital** desde el principio, lanzando su **marco "Business 4.0"**. Esta iniciativa fue diseñada para ayudar a los clientes a capitalizar las últimas tecnologías, permitiéndoles crecer y prosperar en un **mundo impulsado digitalmente**. El marco enfatizó la **automatización, agilidad, nube** y **análisis**, empoderando a las empresas para adaptarse a nuevas demandas digitales.

Soluciones de extremo a extremo: Innovación e Infraestructura

TCS construyó su reputación entregando **soluciones de extremo a extremo**. Ya fuera a través de **consultoría de TI, servicios digitales** o **gestión de infraestructura**, la empresa proporcionó a sus clientes todo lo que necesitaban para tener éxito en el moderno panorama digital. Un factor clave en la capacidad de TCS para mantenerse a la vanguardia de la innovación fue su fuerte compromiso con la **investigación y desarrollo (I+D)**. A través de sus **Laboratorios de Innovación** y la **Red de Co-Innovación (COIN)**, TCS colaboró con **instituciones académicas, startups** y **líderes de la industria** en todo el mundo. Este ecosistema permitió a TCS desarrollar continuamente **nuevas tecnologías** y adaptarlas a las necesidades específicas de sus clientes.

Un Enfoque Centrado en el Cliente: Construyendo Alianzas a Largo Plazo

Lo que hace destacar a **Tata Consultancy Services (TCS)** en la altamente competitiva industria de TI es su enfoque inquebrantable en la **centralidad del cliente**. En una era donde las empresas pueden vivir o morir en función de la satisfacción del cliente, TCS ha ocupado consistentemente un lugar **en la cima de las encuestas de satisfacción del**

cliente. Esto no es solo por casualidad; es el resultado de una estrategia a largo plazo centrada en construir **alianzas profundas y duraderas** con corporaciones globales. Mientras que otras empresas pueden centrarse en ganancias a corto plazo, TCS juega a largo plazo, y juega para ganar.

¿La **verdadera magia**? TCS no es solo un proveedor; es un **socio de confianza** para **las empresas Fortune 500** en una amplia gama de sectores—**finanzas**, **retail**, **telecomunicaciones** y **salud**. Y lo bello es que estas empresas no solo vienen y van. No, se quedan, porque TCS no solo entrega lo que se necesita hoy—anticipa lo que sus clientes necesitarán **mañana**. Es como ese amigo que no solo te ayuda a mudarte, sino que aparece con pizza y bebidas.

La Prueba está en las Alianzas

Piénsalo—cuando algunas de las empresas más grandes del mundo confían en ti para su **transformación digital**, es una señal clara de que estás haciendo algo bien. La capacidad de **mantener relaciones sólidas** con tales corporaciones habla volúmenes sobre la **adaptabilidad, innovación** y compromiso genuino de TCS con sus clientes. En un mundo donde **el cambio es la única constante**, TCS ha demostrado una asombrosa capacidad para **abrazar** e incluso **dar forma** al cambio, liderando desde el frente en términos de **innovación tecnológica**. Y no solo ayudan a las empresas a mantenerse al día; les ayudan a adelantarse.

Más que TI: Un Socio a Prueba de Futuro

A medida que las empresas de todo el mundo se esfuerzan por mantenerse al día con el **rápido ritmo de la transformación digital**, TCS es a menudo el socio que les ayuda a estar un paso adelante. Ya sea a través de **inteligencia artificial, computación en la nube** o **análisis de datos**, TCS equipa a las empresas con las herramientas que necesitan para prosperar en un **mundo digital primero**. Y aunque la tecnología está en constante evolución, una cosa permanece constante: la **men-**

talidad centrada en el cliente de TCS. Es una mentalidad que les ha permitido mantenerse a la vanguardia de la industria, dando forma al futuro mientras mantienen un enfoque láser en las necesidades de sus clientes.

Al final, la capacidad de TCS para **adaptarse, innovar** y enfocarse en **alianzas a largo plazo** los ha convertido no solo en un líder en servicios de TI, sino en un **socio estratégico** en el que las empresas confían para **navegar por las complejidades** del mundo moderno.

4. Liderazgo Global: Escala e Impacto

Hoy, TCS se presenta como la **mayor empresa de servicios de TI en India** y uno de los tres principales proveedores de servicios de TI a nivel mundial, con ingresos que superan los **$25 mil millones** a partir de 2023. La empresa opera en **más de 50 países**, y su fuerza laboral ha crecido a más de **600,000 empleados**, convirtiéndola en uno de los mayores empleadores en el sector de TI.

El ascenso de TCS al liderazgo global también se refleja en sus **iniciativas de sostenibilidad** y esfuerzos de responsabilidad social corporativa (RSC). La empresa ha sido líder en promover **prácticas comerciales sostenibles**, centrándose en áreas como la conservación ambiental, la educación y el desarrollo comunitario. Los **programas de RSC de TCS** han impactado millones de vidas, particularmente en las áreas de alfabetización digital y educación, que se alinean con su experiencia central en tecnología.

5. Navegando Desafíos y Manteniéndose Resiliente

A pesar de su éxito, TCS ha enfrentado desafíos en el camino, incluida la creciente competencia de gigantes globales de TI como **IBM, Accenture** y **Infosys**, así como el aumento del proteccionismo en algunos de sus mercados clave. Sin embargo, TCS se ha mantenido resiliente al continuar innovando, diversificando su oferta de servicios y enfocándose en tecnologías emergentes como **IA** y **blockchain**.

Una de las principales fortalezas de TCS es su capacidad para adaptarse a la dinámica cambiante de la industria. A medida que las empresas de todo el mundo buscan cada vez más **transformación digital**, TCS está bien posicionada para proporcionarles las herramientas, soluciones y servicios de consultoría necesarios para modernizar sus operaciones.

6. Mirando Hacia Adelante: El Futuro de TCS

A medida que **Tata Consultancy Services (TCS)** se encuentra en la encrucijada de **la tecnología y la innovación**, su viaje desde una pequeña división de **Tata Sons** hasta un líder global está lejos de haber terminado. TCS no solo se está acomodando en sus laureles; está **preparada para el futuro**, con un enfoque láser en las **tecnologías de próxima generación** que definirán el paisaje digital de mañana. Con **5G, automatización, inteligencia artificial (IA)** y **aprendizaje automático** ya impulsando gran parte de la evolución de la industria, TCS no solo está preparada para **abrazar estos cambios** sino para liderarlos.

Pioneros en la Era de la Innovación

El futuro de TCS se trata de **más que solo mantenerse al día**—se trata de dar forma al futuro de la **transformación digital** a escala global. Con **5G** listo para revolucionar todo, desde las telecomunicaciones hasta las ciudades inteligentes, TCS ya está dando pasos significativos para ayudar a sus clientes a adoptar e integrar estas tecnologías de vanguardia. Sumemos el **boom de la automatización**, que está transformando industrias como la manufactura y la logística, y las inversiones estratégicas de TCS en **plataformas de automatización** asegurarán que se mantenga a la vanguardia de esta ola.

Pero no se detiene ahí. **IA** y **aprendizaje automático** ya no son fantasías futuras—son el presente, y TCS está impulsando su **adopción generalizada**. Al aprovechar la IA para mejorar **las operaciones comerciales, optimizar la eficiencia**, e incluso predecir tendencias del mercado, TCS se está posicionando no solo como un **proveedor de servicios de TI** sino como un **innovador tecnológico** capaz de transformar industrias.

Innovación con Sostenibilidad y Responsabilidad Social

Lo que realmente distingue a TCS mientras mira hacia el futuro es su compromiso con la **sostenibilidad** y **responsabilidad social**. A medida que el mundo enfrenta desafíos ambientales, TCS se asegura de que sus **innovaciones** estén alineadas con prácticas sostenibles. El énfasis de la empresa en **tecnología verde** y **soluciones de TI sostenibles** significa que está desempeñando un papel vital en ayudar a las empresas a reducir su huella de carbono mientras aún logran la **excelencia digital**. El enfoque de TCS en la **responsabilidad social corporativa** va más allá de las ganancias—se trata de **nutrir el talento**, apoyar **el desarrollo de la fuerza laboral** y **retribuir a las comunidades**.

Nutriendo Talento para un Mundo en Rápido Cambio

En el corazón de la estrategia visionaria de TCS está su compromiso con el **desarrollo de la fuerza laboral**. Entendiendo que el **paisaje tecnológico** está en constante cambio, TCS invierte considerablemente en **mejorar las habilidades** y **capacitar** a sus empleados para mantenerse al día con las tendencias emergentes. Esto asegura que su fuerza laboral permanezca adaptable, innovadora y lista para abordar los **desafíos del futuro**.

Un Legado de Excelencia

Mirando hacia adelante, el ascenso de TCS es un reflejo no solo de la **visión de Ratan Tata** sino del ethos de todo el Grupo Tata—un ethos que valora la **excelencia, ética** y **pensamiento estratégico a largo plazo**. TCS no es solo una empresa de tecnología; se ha convertido en un **símbolo global de la innovación india**, un testimonio vivo del poder de la **resiliencia, crecimiento** y **responsabilidad social**.

En los próximos años, TCS no solo continuará liderando la **industria global de servicios de TI**, sino que también servirá como una inspiración, encarnando los **valores perdurables del Grupo Tata** mientras ayuda a las empresas de todo el mundo a navegar por las complejidades de la **era digital**.

El Portafolio Diversificado del Grupo Tata: Inversiones Clave en Energía, Químicos y Telecomunicaciones

El **Grupo Tata** ha sido durante mucho tiempo uno de los conglomerados más diversificados de India, con un portafolio que abarca industrias desde el acero y automóviles hasta tecnología y productos de consumo. Junto a sus empresas insignia como **Tata Steel**, **Tata Motors** y **Tata Consultancy Services (TCS)**, el grupo también ha avanzado significativamente en sectores como **energía**, **químicos** y **telecomunicaciones**. Cada una de estas empresas ha desempeñado un papel crítico no solo en el fortalecimiento del portafolio de Tata, sino también en la contribución al desarrollo de la infraestructura y el crecimiento industrial de India.

1. Tata Power: Liderando el Sector Energético de India

Fundada en **1919**, **Tata Power** es una de las empresas de energía del sector privado más antiguas y grandes de India. La empresa ha sido pionera en **generación de electricidad**, con un fuerte enfoque en prácticas sostenibles de energía e innovación en distribución de energía.

Inicialmente, Tata Power fue establecida para apoyar las **necesidades industriales de Mumbai**, y desde entonces ha crecido hasta convertirse en un líder nacional en generación, transmisión y distribución de energía. Con una capacidad instalada total de **más de 12,700 MW**,

Tata Power tiene una mezcla de energía diversificada que incluye **térmica, hidroeléctrica, solar** y **eólica.** Su compromiso con la **energía renovable** es particularmente notable, ya que tiene como objetivo generar **el 50% de su energía a partir de fuentes limpias para 2025.**

Los proyectos claves incluyen:

Tata Power Solar, que es la mayor empresa solar integrada de India y líder en el sector de energía solar.

La **Central Térmica Trombay**, un proveedor clave de electricidad para Mumbai, y las grandes inversiones de Tata Power en proyectos hidroeléctricos en toda India.

Al posicionarse como líder tanto en **sectores de energía renovable como tradicional**, Tata Power ha asegurado que el Grupo Tata siga siendo un jugador crucial en el impulso de India hacia soluciones energéticas sostenibles.

2. Tata Chemicals: Impulsando la Innovación en Químicos y Sostenibilidad

Fundada en **1939**, **Tata Chemicals** comenzó como un fabricante de **químicos inorgánicos**, particularmente carbonato de sodio y soda cáustica. A lo largo de los años, se ha diversificado en **productos de consumo, agricultura** y **químicos especiales**, convirtiéndose en una de las mayores empresas químicas de India y un líder global en el sector.

Tata Chemicals opera en áreas clave:

Productos químicos básicos: Fabricación de carbonato de sodio, bicarbonato de sodio y otros químicos industriales, que son esenciales para industrias como la del vidrio, detergente y textiles.

Agri-soluciones: Tata Chemicals proporciona fertilizantes y productos de protección de cultivos, ayudando a los agricultores a aumentar sus rendimientos y practicar una agricultura sostenible.

Productos de consumo: La compañía también está detrás de marcas de consumo populares como **Tata Salt**, una de las principales marcas de sal en India.

Innovación y Sostenibilidad: Tata Chemicals se ha enfocado cada vez más en la sostenibilidad, invirtiendo en **química verde** y trabajando en **tecnologías de purificación de agua**.

Una parte particularmente importante del portafolio de Tata Chemicals es su **división de I+D**, que ha ayudado a la compañía a desarrollar nuevos materiales como **nano-recubrimientos** y **soluciones de baterías**, cruciales para industrias emergentes como los vehículos eléctricos y el almacenamiento de energía.

3. Tata Communications: Impulsando la Revolución Digital

Antes conocida como **VSNL (Videsh Sanchar Nigam Limited)**, **Tata Communications** se convirtió en parte del Grupo Tata en **2002** cuando el grupo adquirió una participación mayoritaria durante la privatización del gobierno indio. A lo largo de las últimas dos décadas, Tata Communications se ha transformado en un líder global en **telecomunicaciones**, ofreciendo **servicios de internet**, **centros de datos**, **computación en la nube**, y **soluciones de ciberseguridad**.

Los hitos clave incluyen:

Poseer y operar una de las **redes de cable submarino global más grandes**, que transporta una parte significativa del tráfico de internet global.

Proporcionar **servicios de datos empresariales** a algunas de las corporaciones más grandes del mundo, incluidos operadores de telecomunicaciones globales, gobiernos y empresas multinacionales.

Liderar la innovación en **internet de las cosas (IoT)**, **computación perimetral**, y **soluciones en la nube**.

Tata Communications ha desempeñado un papel crítico en el desarrollo de la infraestructura digital de India, particularmente a medida que el país adoptó la **digitalización** en diversas industrias. Como una de las primeras empresas indias en ofrecer **servicios de cable submari-**

no, Tata Communications también ha contribuido a la conectividad global de India y sigue siendo un actor principal en la configuración del futuro de la comunicación digital, tanto a nivel nacional como internacional.

4. Estrategia de Diversificación: La Visión a Largo Plazo del Grupo Tata

La incursión del Grupo Tata en industrias tan diversas como la energía, la química y las telecomunicaciones refleja su estrategia de **diversificación**. Al desarrollar competencias en industrias que son vitales para el crecimiento económico e industrial de India, Tata ha mitigado riesgos y asegurado que el conglomerado siga siendo un actor clave en la configuración del futuro de India.

Bajo el liderazgo de Ratan Tata, el grupo adoptó una **visión global** y un **enfoque impulsado por la innovación**, realizando inversiones estratégicas en sectores emergentes como **servicios de TI (TCS), energía renovable (Tata Power)**, **innovación química (Tata Chemicals)**, y **transformación digital (Tata Communications)**. Esta diversificación ha permitido a Tata sobrellevar crisis económicas y cambios en la dinámica del mercado, al mismo tiempo que alinea sus negocios con la trayectoria de crecimiento a largo plazo de India.

Capítulo 5: Valores sobre Beneficios – La Visión Filantrópica de Ratan Tata

Tata Trusts: El Brazo Caritativo del Grupo Tata

Tata Trusts forman el ala caritativa y filantrópica del **Grupo Tata**, uno de los conglomerados empresariales más grandes y respetados de India. Fundados por el pionero industrial **Jamsetji Tata** a finales del siglo XIX, estos fideicomisos administran aproximadamente **dos tercios de las ganancias del Grupo Tata**, dirigiendo estos fondos hacia **bienestar social, educación, atención médica y desarrollo rural**. La estructura única de Tata Trusts ha desempeñado un papel central en el legado del grupo en cuanto a **responsabilidad social corporativa (RSC)**, reflejando la creencia de la familia Tata de que **la riqueza debe ser utilizada para el bien común**.

1. Orígenes y Fundaciones Históricas

Las actividades filantróficas de Tata Trusts pueden rastrearse hasta la visión de **Jamsetji Tata**, quien creyó en devolver a la sociedad mucho antes de que la RSC se convirtiera en un concepto reconocido. En 1892, Jamsetji fundó el **J.N. Tata Endowment**, que proporcionó becas para estudiantes indios que querían estudiar en el extranjero, marcando el inicio formal del legado filantrópico de Tata.

A lo largo de las décadas, sucesivos líderes de la familia Tata, incluyendo a **Sir Dorabji Tata** y **Sir Ratan Tata**, establecieron una serie de fideicomisos para apoyar una amplia gama de causas benéficas. Los más destacados entre estos son:

Sir Dorabji Tata Trust (1932), una de las instituciones benéficas más antiguas de India, creada por el hijo de Jamsetji, Dorabji, con un dotación que incluía toda su riqueza.

Sir Ratan Tata Trust (1919), establecido por Sir Ratan Tata, otro de los hijos de Jamsetji, quien dejó una gran parte de su fortuna para ser utilizada en bienestar social.

Estos fideicomisos se han convertido en los principales accionistas de **Tata Sons**, la empresa matriz del Grupo Tata, y reciben una parte sustancial de los dividendos del grupo. Este modelo de propiedad único ha asegurado que las ganancias generadas por las empresas Tata se reinviertan en gran medida en iniciativas filantrópicas, integrando así la **responsabilidad social** en el ADN del grupo.

2. Impacto Social: Áreas de Enfoque

Tata Trusts tienen un impacto amplio, apoyando iniciativas en **atención médica, educación, desarrollo rural**, y **arte y cultura**. Aquí hay algunas de las áreas clave donde Tata Trusts han realizado contribuciones significativas:

Educación: Tata Trusts han estado a la vanguardia de la filantropía educativa en India. Los fideicomisos proporcionan **becas** para educación superior, apoyan instituciones como el **Instituto Tata de Ciencias Sociales (TISS)** y el **Instituto Indio de Ciencia (IISc)**, y financian una amplia variedad de programas educativos, particularmente para estudiantes desfavorecidos. El **J.N. Tata Endowment** continúa ofreciendo becas para estudiantes indios que persiguen educación en el extranjero.

Atención Médica: Tata Trusts han sido fundamentales en la construcción de infraestructura de atención médica en toda India, especialmente en áreas desatendidas. Una de las iniciativas más conocidas es el establecimiento del **Hospital Memorial Tata** en Mumbai, que se especializa en tratamientos e investigación del cáncer. Los fideicomisos también financian varias iniciativas de salud pública destinadas a combatir la desnutrición, mejorar la salud materna e infantil, y prevenir enfermedades como la tuberculosis y la malaria.

Desarrollo Rural: Tata Trusts tienen un fuerte enfoque en mejorar las vidas de las comunidades rurales. Sus programas en **gestión del agua**, **productividad agrícola**, y **generación de ingresos** han ayudado a empoderar a los agricultores y poblaciones rurales en toda India. Los fideicomisos también apoyan programas destinados a promover **la agricultura sostenible** y la adopción de prácticas ecológicas.

Justicia Social y Empoderamiento: Tata Trusts también han trabajado extensamente para promover **la igualdad de género**, apoyar **el empoderamiento de las mujeres**, y elevar **a las comunidades marginadas**. Los fideicomisos financian varios programas destinados a mejorar los medios de vida, promover el desarrollo de habilidades, y apoyar la autosuficiencia entre grupos desfavorecidos.

3. Apoyo Institucional e Investigación

Más allá de la ayuda directa, Tata Trusts están profundamente involucrados en el establecimiento y apoyo de algunas de las instituciones educativas y de investigación más respetadas de India. Notables entre estas son:

El **Instituto Indio de Ciencia (IISc)** en Bangalore, establecido con una generosa donación de Jamsetji Tata, es una de las principales instituciones de investigación científica y educación en India.

El **Instituto Tata de Investigación Fundamental (TIFR)** y el **Centro Nacional de Artes Escénicas (NCPA)** en Mumbai, que promueven la investigación científica y el patrimonio cultural, respectivamente.

Estas instituciones han desempeñado un papel significativo en la configuración del paisaje intelectual y cultural de India, gracias al apoyo financiero y operativo a largo plazo de Tata Trusts.

4. Evolución Bajo Ratan Tata

Bajo el liderazgo de **Ratan Tata**, quien presidió Tata Sons desde 1991 hasta 2012, Tata Trusts ampliaron su enfoque, asumiendo proyectos más ambiciosos y de gran escala. La pasión personal de Ratan Tata por la filantropía llevó al grupo a centrarse en temas como **atención médica asequible, acceso a agua limpia, educación para los desfavorecidos,** y **medios de vida rurales.**

Ratan Tata también buscó modernizar el enfoque de los fideicomisos incorporando estrategias basadas en datos y creando asociaciones con organizaciones globales. Lideró iniciativas como la **Misión de Agua Tata**, que tiene como objetivo proporcionar agua limpia a millones de personas en las zonas rurales de India, y colaboró con organizaciones como la **Fundación Bill y Melinda Gates** para abordar cuestiones críticas de salud.

5. Gobernanza y Transparencia

El modelo de gobernanza de Tata Trusts lo distingue de otras organizaciones filantrópicas. Al mantener una participación controladora en **Tata Sons**, Tata Trusts mantienen un nivel significativo de influencia sobre las operaciones comerciales de todo el Grupo Tata. Al mismo tiempo, operan de manera independiente cuando se trata de decidir qué causas sociales apoyar, con un consejo de fideicomisarios que asegura que los fondos se distribuyan de manera transparente y efectiva.

Tata Trusts también se han centrado en la **responsabilidad** y **transparencia**, manteniendo altos estándares en cómo se utilizan y reportan las donaciones. Los fideicomisos trabajan con una variedad de socios, incluyendo agencias gubernamentales, organizaciones sin fines de lucro y organismos internacionales, para asegurar que sus programas sean sostenibles y escalables.

Filantropía Personal: El Enfoque Directo de Ratan Tata hacia la Ayuda Humanitaria y la Innovación Social

Ratan Tata ha sido reconocido durante mucho tiempo no solo por su papel en la transformación del **Grupo Tata** en un conglomerado global, sino también por su profunda implicación personal en la **filantropía**. Su compromiso con causas sociales va más allá del trabajo de **Tata Trusts** e incluye sus iniciativas personales y su enfoque práctico hacia **la ayuda humanitaria**, **la innovación social**, y **el bienestar comunitario**. Sus contribuciones han tenido un impacto de gran alcance, especialmente en áreas donde la acción inmediata y la visión a largo plazo eran críticas.

1. Ayuda Humanitaria: Una Respuesta Rápida a Crisis Humanitarias

Uno de los roles filantrópicos más visibles de Ratan Tata ha sido la provisión de **ayuda humanitaria**. Ha estado directamente involucrado en múltiples esfuerzos para proporcionar asistencia inmediata y sostenible a comunidades afectadas por calamidades naturales y tragedias.

Terremoto de Gujarat 2001: Después del devastador terremoto que golpeó Gujarat en 2001, Ratan Tata lideró personalmente los esfuerzos de ayuda, asegurando que el Grupo Tata proporcionara fondos, suministros y asistencia técnica para reconstruir la región. Bajo su liderazgo, Tata Trusts ayudaron a construir **escuelas, hospitales y hogares** para las comunidades afectadas, proporcionando apoyo a largo plazo mucho más allá de la ayuda humanitaria inmediata.

Atentados Terroristas de Mumbai 2008: Tras los trágicos **atentados de Mumbai del 26/11**, Ratan Tata, cuyo hotel insignia, el **Taj Mahal Palace Hotel**, fue uno de los lugares de ataque, desempeñó un papel fundamental tanto en los esfuerzos de recuperación como en el apoyo a las víctimas. Tata se aseguró personalmente de que las familias de los empleados del hotel que murieron en el ataque fueran atendidas, proporcionando **compensación financiera**, atención médica, y educación para sus hijos. Su compasión y acción rápida durante este tiempo fueron ampliamente elogiadas, mostrando su profunda empatía y sentido del deber hacia tanto los empleados como la comunidad en general.

Ayuda por Tsunami (2004): Después del tsunami del Océano Índico en 2004, Ratan Tata lideró **Tata Trusts** en un esfuerzo humanitario significativo, proporcionando ayuda a aquellos desplazados por el desastre. Tata visitó personalmente las áreas afectadas, asegurando que los esfuerzos de ayuda se coordinaran de manera eficiente y que los recursos llegaran a las poblaciones más vulnerables.

2. Innovación Social: Fomentando Soluciones a Largo Plazo para Desafíos Sociales

La filantropía de Ratan Tata también se destaca por su énfasis en la **innovación social**—encontrar soluciones creativas y sostenibles para desafíos sociales de larga data. Él cree que la filantropía no solo debe abordar necesidades inmediatas, sino también crear un cambio duradero, ayudando a las comunidades a volverse autosuficientes y resilientes.

Tata Nano: Aunque principalmente un proyecto empresarial, el **Tata Nano** fue impulsado por una **mentalidad de innovación social**, con el objetivo de proporcionar **transporte asequible y seguro** a las clases media y baja de India. Ratan Tata vio el Nano no solo como un automóvil, sino como una solución a las precarias condiciones en las que muchas familias indias viajaban en dos ruedas. El proyecto demostró el compromiso de Tata con la mejora de la calidad de vida de millones, incluso si no alcanzó sus objetivos comerciales.

Iniciativas de Vivienda Asequible: Otro ejemplo del enfoque de Tata en la innovación social es su trabajo en **vivienda asequible**. En asociación con **Tata Housing**, Ratan Tata inició proyectos para construir hogares de bajo costo para los pobres urbanos de India, asegurando que las personas de bajos ingresos pudieran acceder a opciones de vivienda seguras, limpias y asequibles.

Iniciativas de Salud: Ratan Tata ha financiado personalmente iniciativas de salud que abordan problemas como la **desnutrición** y el **cáncer**. Fue fundamental en la construcción del **Centro Médico Tata** en Kolkata, un hospital de cáncer de vanguardia diseñado para proporcionar atención asequible, especialmente a comunidades desatendidas. Él continúa impulsando innovaciones en la entrega de atención médica, centrándose en hacer que la atención de alta calidad sea accesible para todos, independientemente de su situación socioeconómica.

3. Contribuciones Personales y Donaciones Silenciosas

Uno de los aspectos únicos de la filantropía de Ratan Tata es su preferencia por las **contribuciones silenciosas y tras bambalinas**. Si bien el trabajo de Tata Trusts es ampliamente publicitado, el propio Tata ha realizado numerosas donaciones y contribuciones personales, a menudo sin fanfarrias ni publicidad.

Ayuda por COVID-19: Durante la **pandemia de COVID-19**, Ratan Tata fue uno de los primeros en anunciar importantes contribuciones hacia los esfuerzos de ayuda. Los **Tata Trusts** prometieron ₹1,500 crore para luchar contra la pandemia, financiando la adquisición de **equipos de protección personal (EPP)**, kits de prueba y infraestructura médica. Tata personalmente utilizó las redes sociales para hacer un llamado a la unidad y la compasión durante la crisis, reflejando su genuina preocupación por el bienestar de las personas en todo el país.

En los últimos años, **Ratan Tata** ha enfocado su atención hacia **apoyar startups** y **emprendedores sociales**, ofreciendo su experiencia, mentoría y respaldo financiero a empresas emergentes que están marcando la pauta en áreas como **tecnología para el bien social**. Siempre un pensador innovador, las inversiones personales de Tata han estado dirigidas a empresas en sectores como **salud, energía limpia**, y **tecnología educativa**, todas con la misión de abordar **desafíos sociales críticos** a través de la innovación.

Uno de los principios fundamentales de Tata siempre ha sido **el impacto más allá de las ganancias**, y su involucramiento en startups refleja esto. Ha proporcionado tanto **capital** como **mentoría personal**, utilizando su vasta experiencia para guiar a jóvenes emprendedores no solo en **escalar** sus negocios, sino también en asegurarse de que se mantengan **socialmente responsables** mientras lo hacen.

Algunas de las startups que ha apoyado incluyen:

UrbanClap (ahora Urban Company): Un mercado para servicios a domicilio, que facilita el acceso a servicios esenciales para las poblaciones urbanas.

CureFit: Una plataforma de salud que integra servicios de fitness, nutrición y bienestar mental.

Ampere Vehicles: Enfocada en vehículos eléctricos, contribuyendo al movimiento de energía limpia en India.

NestAway: Una startup que proporciona vivienda asequible, abordando uno de los desafíos urbanos más apremiantes de India.

Al apoyar estas empresas, Ratan Tata continúa moldeando el futuro del **emprendimiento social**, demostrando que la innovación puede ser una **fuerza para el bien** en la resolución de algunos de los problemas más urgentes del mundo.

4. Abogando por un Liderazgo Humano y la Compasión

A lo largo de su carrera, **Ratan Tata** ha sido un firme defensor del **liderazgo humano**, impulsado por la creencia de que las empresas deben operar con **compasión**, **empatía**, y **responsabilidad ética**. A diferencia de muchos líderes corporativos que se centran únicamente en las ganancias, Tata ha defendido consistentemente la idea de que las empresas exitosas también deben contribuir al **bienestar de la sociedad**. A menudo ha hablado sobre la necesidad de que **los líderes lideren con el corazón**, enfatizando que **la empatía** en la toma de decisiones puede crear un impacto positivo mucho más allá del balance financiero.

Liderando con el Ejemplo

Tata no solo predicó estos valores; los vivió. Bajo su liderazgo, el **Grupo Tata** se convirtió en sinónimo de **capitalismo inclusivo**, donde el objetivo no era solo ganar dinero, sino usar ese éxito para **elevar comunidades** y fomentar **el progreso social**. Su visión de **liderazgo ético** era clara: las empresas son **administradores de la sociedad**, y su riqueza y recursos deben ser utilizados para servir al **bien común**.

Esta filosofía es evidente en los **Tata Trusts**, que controlan dos tercios de las ganancias del Grupo Tata y las dirigen hacia la **filantropía**. Ya sea en los campos de **educación**, **salud**, o **desarrollo rural**, Tata Trusts se ha convertido en un faro de **responsabilidad social corporativa** bajo su dirección. La filantropía personal de Tata también ha estado siempre enfocada en **crear impacto**—no con fanfarrias, sino con la creencia silenciosa y firme de que las empresas deben ayudar a resolver los problemas del mundo.

Un Legado de Capitalismo Compasivo

La creencia de Ratan Tata en **liderazgo humano** y **capitalismo compasivo** es más que un estilo de gestión; es un plan para cómo las empresas pueden tener éxito siendo **fuerzas para el bien**. Sus discursos, particularmente aquellos dirigidos a jóvenes emprendedores y estudiantes de negocios, destacan repetidamente la importancia de **poner a las personas primero**, tratar a los empleados y comunidades con **respeto**, y ver la riqueza como una herramienta para **elevar a la sociedad**.

En resumen, **Ratan Tata** continúa personificando un estilo de liderazgo que combina **ambición con empatía**, recordando siempre al mundo empresarial que **el verdadero éxito** radica en **servir a los demás**.Fin de la Parte Superior

Fin de la Parte Inferior

Filantropía en los Negocios: El Ethos de Ratan Tata de "Hacer el Bien Mientras Haces el Bien"

La filosofía de Ratan Tata de **"hacer el bien mientras haces el bien"** ha tenido un profundo impacto en cómo las empresas en India ven la **responsabilidad corporativa**. Este ethos, profundamente arraigado en el **Grupo Tata**, redefinió la gobernanza corporativa al vincular la **rentabilidad** con el **bien social**, enfatizando que el éxito empresarial debe ser utilizado como un medio para mejorar la sociedad. Bajo su liderazgo, las empresas Tata se han convertido en ejemplos globales de cómo las corporaciones pueden operar con integridad ética, impacto social y sostenibilidad a largo plazo en mente.

1. Ethos de "Hacer el Bien Mientras Haces el Bien"

En el corazón del enfoque de Ratan Tata está la creencia de que **las empresas son responsables ante la sociedad** y deben contribuir activamente al bienestar social, en lugar de centrarse únicamente en las ganancias. A menudo enfatizaba que **el éxito corporativo no debe ser juzgado puramente por métricas financieras** sino también por las contribuciones de la empresa a sus empleados, a la comunidad y al medio ambiente.

Esta mentalidad es una continuación del **legado del Grupo Tata**, iniciado por **Jamsetji Tata** hace más de un siglo, pero Ratan Tata lo expandió fomentando una conexión más fuerte entre **responsabilidad corporativa** y **estrategia empresarial**. Demostró que **la filantropía y el beneficio** no son mutuamente excluyentes, sino que pueden integrarse en los valores fundamentales y los objetivos a largo plazo de la empresa.

El enfoque de Tata se puede resumir de la siguiente manera:

Enfoque en el Liderazgo Ético: Tata creía firmemente que el liderazgo debe priorizar las **prácticas éticas** sobre las ganancias a corto plazo. Se alentó a sus empresas a adoptar una gobernanza transparente y ética, con el bienestar de la sociedad como una de las principales prioridades.

Responsabilidad Social Corporativa (RSC) como un Principio Central: Tata abogó por que la RSC estuviera entrelazada en la estructura de las operaciones comerciales, no solo como un cumplimiento regulatorio o una herramienta de marketing. Este ethos se formalizó en el **Código de Conducta Tata**, que exige prácticas comerciales éticas, trato justo a los empleados y gestión ambiental responsable en todas las empresas Tata.

2. Filantropía como un Principio Empresarial Central

El enfoque de Ratan Tata hacia la filantropía en los negocios se puede ver en cómo los **Tata Trusts**, que gestionan **dos tercios del capital de Tata Sons**, asignan **dividendos** de las ganancias del Grupo Tata hacia **desarrollo social**. Estos fondos se canalizan en **salud, educación, gestión del agua, desarrollo rural**, y **artes y cultura**, entre otras causas.

Uno de los diferenciadores clave en el modelo de Tata es que el **motivo de lucro** no se persigue de manera aislada; en cambio, está estrechamente alineado con los **resultados filantrópicos**. Esto ha llevado a la creación de instituciones y proyectos que son tanto rentables como tienen un impacto social significativo, tales como:

El **Hospital Memorial Tata**, que ofrece atención oncológica asequible, es un resultado directo de los objetivos filantrópicos relacionados con la salud de los Trusts.

Instituto Tata de Ciencias Sociales (TISS) y **Instituto Indio de Ciencia (IISc)** son ejemplos de instituciones de larga data apoyadas por la filantropía Tata, que contribuyen a la educación y la investigación en India.

Los esfuerzos de purificación de agua de Tata Chemicals y el enfoque de Tata Power en la energía renovable están alineados con sus estrategias corporativas, mientras que también abordan problemas sociales críticos como el agua potable limpia y el cambio climático.

3. Redefiniendo la Responsabilidad Corporativa en India

Bajo el liderazgo de Ratan Tata, el Grupo Tata se convirtió en un **farol de responsabilidad corporativa** en India. Varias de sus iniciativas han establecido un nuevo estándar para las empresas indias, demostrando que las compañías pueden perseguir ganancias mientras mantienen un **impacto social positivo.**

Sostenibilidad e Impacto Ambiental: Tata ha enfatizado consistentemente las **prácticas sostenibles**, particularmente en **Tata Steel, Tata Power,** y **Tata Chemicals**. Por ejemplo, **el enfoque de Tata Power en la energía renovable** no es solo una iniciativa empresarial, sino también un movimiento para combatir el cambio climático. De manera similar, **Tata Steel** ha adoptado varios procesos de producción ecológicos, reduciendo las emisiones de carbono y el consumo de energía.

Bienestar de los Empleados y Prácticas Éticas: Una de las creencias clave de Tata es que las empresas deben priorizar el **bienestar de los empleados.** El Grupo Tata fue uno de los primeros negocios indios en introducir **sistemas de pensiones, compensación por accidentes,** y **beneficios de salud** para su fuerza laboral. Estas prácticas se extendieron más allá de las operaciones comerciales, influyendo en la comunidad empresarial india para adoptar prácticas de empleo más humanas y responsables.

Compromiso con el Desarrollo Rural: A través de los **Tata Trusts,** Ratan Tata ha abordado los desafíos del desarrollo rural al financiar programas agrícolas, sistemas de gestión del agua y capacitación en medios de vida para comunidades rurales. Su **iniciativa Lakhpati,** que ayuda a convertir a los agricultores de subsistencia en lakhpatis (aquellos que ganan ₹100,000 anuales), destaca su compromiso de elevar a las comunidades marginadas.

4. Filantropía Personal e Innovación

Más allá de los esfuerzos corporativos, las contribuciones personales de Ratan Tata también han sido críticas para impulsar la **innovación social.** Sus inversiones personales en **salud, startups educativas,** y **empresas de energía limpia** no solo han apoyado el crecimiento empresarial, sino que también han fomentado **iniciativas de impacto social**. Al respaldar empresas que se enfocan en crear soluciones para **desafíos sociales**, Tata ha mostrado cómo **los líderes empresariales pueden actuar como catalizadores del cambio** más allá de sus propias corporaciones.

Su papel personal en **los esfuerzos de ayuda en desastres**, como durante el **terremoto de Gujarat de 2001** y los **ataques terroristas de Mumbai de 2008**, refuerza aún más su compromiso personal con causas sociales.

5. Influencia Global: La Filantropía Encuentra la Globalización

El enfoque de Tata hacia la filantropía también está alineado con su visión de **globalizar el Grupo Tata**. En sus adquisiciones de **Jaguar Land Rover, Corus Steel**, y **Tetley Tea**, Ratan Tata enfatizó la importancia de mantener la **identidad de estas marcas globales** mientras aseguraba que el **ethos de responsabilidad social de Tata** permaneciera en primer plano. Incluso en mercados internacionales, Tata se aseguró de que las empresas cumplieran con el **Código de Conducta Tata**, enfatizando **el comercio justo, prácticas sostenibles**, y **el bienestar de la comunidad**.

Este enfoque demostró que **la responsabilidad corporativa** no tiene por qué limitarse a los mercados locales; las empresas pueden expandirse globalmente mientras mantienen **principios éticos y filantrópicos**.

Capítulo 6: Liderazgo en Tiempos de Crisis

Navegando los Desafíos Económicos: El Liderazgo de Ratan Tata Durante la Inestabilidad Financiera Global

El liderazgo de Ratan Tata durante períodos de **inestabilidad financiera global**, particularmente durante la **crisis financiera global de 2008**, demostró su resiliencia, pensamiento estratégico y visión a largo plazo. Tata enfrentó desafíos significativos mientras el colapso financiero ponía a prueba incluso a las empresas más robustas, sin embargo, logró guiar exitosamente al **Grupo Tata** a través de estos tiempos turbulentos al enfocarse en la innovación, la acción decisiva y el mantenimiento de prácticas comerciales éticas. Su capacidad de adaptarse, especialmente durante tales crisis, consolidó su legado como uno de los líderes empresariales más visionarios de la India.

1. La Crisis Financiera Global de 2008

La **crisis financiera de 2008** fue una de las recesiones económicas globales más severas desde la Gran Depresión, causando una inestabilidad económica generalizada, restricciones crediticias y reducciones drásticas en la demanda en diversas industrias. El **Grupo Tata**, que había realizado adquisiciones de alto perfil como **Jaguar Land Rover (JLR)** y **Corus Steel**, enfrentó una inmensa presión a medida que la economía global se contraía.

Desafíos para el Grupo Tata Durante la Crisis

Jaguar Land Rover (JLR), adquirida en 2008 por $2.3 mil millones, enfrentó dificultades significativas. El mercado de automóviles de lujo fue severamente impactado por la crisis, con una caída en la demanda en los mercados de EE. UU. y Europa.

Corus Steel, que Tata Steel adquirió en 2007 por $12 mil millones, también experimentó retrocesos a medida que la demanda de acero se desplomaba debido a la desaceleración en la construcción global y los proyectos de infraestructura.

Los crecientes niveles de **deuda**, en parte debido a estas adquisiciones, generaron preocupaciones sobre la capacidad de Tata para gestionar el flujo de caja y cumplir con sus obligaciones financieras durante la recesión.

2. Movimientos Estratégicos Audaces y Pensamiento a Largo Plazo

A pesar de estos desafíos, Ratan Tata se mantuvo **comprometido con su visión a largo plazo** y creía en el potencial de las empresas adquiridas por el grupo. En lugar de retirarse o reducir sus operaciones, tomó decisiones audaces que, en última instancia, ayudaron al Grupo Tata a sortear la crisis y salir fortalecido.

Revertir la Situación de Jaguar Land Rover

Uno de los mayores éxitos de Tata durante la crisis fue su decisión de **apostar fuertemente** por **Jaguar Land Rover (JLR)**, en lugar de abandonar o reducir la operación. A pesar del escepticismo inicial, Tata Motors continuó invirtiendo en el **desarrollo de productos** y la **innovación** de JLR. El lanzamiento de nuevos modelos como el **Jaguar XF** y el **Range Rover Evoque** ayudó a revitalizar la marca y aumentó las ventas en mercados emergentes, particularmente en **China**, donde la demanda de automóviles de lujo se mantuvo fuerte a pesar de la recesión global.

Para 2012, JLR había vuelto a ser rentable, y su recuperación fue aclamada como uno de los giros más notables en la industria automotriz. El éxito a largo plazo de JLR fue un testimonio de la creencia de Ratan Tata en la marca y su negativa a permitir que los desafíos a corto plazo dictaran la estrategia a largo plazo.

Gestionando las Luchas de Corus Steel

Ah, **Corus Steel**—una de esas adquisiciones que hizo que todos levantaran una ceja y murmurasen: "¿Está Tata asumiendo más de lo que puede manejar?" Bueno, la visión de Ratan Tata era tan grande como los **hornos de acero** mismos. En 2007, Tata Steel compró **Corus**

Steel, un gigante del acero europeo, en lo que fue una de las adquisiciones más grandes realizadas por una empresa india en ese momento. Fue audaz, fue ambicioso... y, como resulta, fue un poco de una **montaña rusa**.

La **industria del acero** no estaba precisamente celebrando durante este período. De hecho, la demanda de acero era más lenta que un lunes por la mañana después de un largo fin de semana. Corus, ahora parte de **Tata Steel Europe**, enfrentó algunas dificultades **sostenidas**. Pero, ¿se rindió Ratan Tata? Ni en sueños. Es el tipo de persona que **aumenta su apuesta** cuando las cosas se ponen difíciles.

Tata implementó una serie de **medidas de reducción de costos** que habrían hecho sentir orgulloso incluso al CFO más frugal. **Optimizaciones de plantas, planes de reestructuración** y un enfoque **más ágil y eficiente** se pusieron en marcha en un intento de detener la hemorragia financiera. ¿El objetivo? Mantener la empresa a flote hasta que la **industria del acero** decidiera despertar y oler el café industrial.

A pesar de que Corus continuó enfrentando una lucha cuesta arriba debido al **declive global del acero**, Ratan Tata se mantuvo **inmutable**. Estaba comprometido a integrar completamente a Corus en el **Grupo Tata**, asegurándose de que cuando las **condiciones del mercado mejoraran**, Corus estuviera en una posición privilegiada para **recuperarse**. Es como si Tata mirara la demanda de acero en declive y dijera: "Desafío aceptado".

En el típico estilo de Ratan Tata, no estaba persiguiendo victorias a corto plazo—estaba jugando el **juego a largo plazo**, incluso si eso significaba **afrontar tormentas** en el camino. Claro, no siempre fue un camino fácil, pero la **resiliencia** de Tata y su compromiso con su visión significaban que, para bien o para mal, Corus estaba en esto a largo plazo.

3. Liderazgo Ético y Bienestar de los Empleados

A lo largo de la crisis, **el liderazgo de Ratan Tata** se caracterizó por un compromiso con la **gobernanza ética** y el **bienestar de los empleados**. Tata era conocido por asegurar que el Grupo Tata no comprometiera sus valores fundamentales, incluso frente a la presión financiera. Uno de los ejemplos más claros de esto fue su respuesta a las **presiones de despido** que muchas empresas globales estaban enfrentando.

Sin Despidos a Gran Escala: A pesar de la presión para recortar costos durante la crisis, Tata Motors y otras empresas del Grupo Tata evitaron **despidos masivos**. En cambio, se enfocaron en reestructurar, reducir la capacidad excedente y encontrar formas de mantener a los empleados comprometidos. Tata creía firmemente que **las personas son el mayor activo** de cualquier empresa, y este enfoque ayudó a mantener la moral y lealtad de los empleados durante tiempos difíciles.

Responsabilidad Social y Gestión de Crisis: Más allá de la gestión interna, Ratan Tata se aseguró de que el Grupo continuara con sus **iniciativas de responsabilidad social**. Incluso en tiempos de crisis, los **Fideicomisos Tata** continuaron financiando proyectos de salud, educación y desarrollo rural. Este compromiso firme con **devolver a la sociedad** reforzó el legado de Tata de equilibrar el éxito corporativo con el bien social.

4. Prudencia Financiera y Adaptación

La capacidad de Ratan Tata para guiar al grupo a través de la crisis financiera también fue resultado de su **prudencia financiera** y **disposición a adaptarse**.

Gestión de Deuda: Aunque las adquisiciones de alto perfil de Tata habían elevado los niveles de deuda del grupo, Tata Motors trabajó para reestructurar sus préstamos y extender los plazos de pago. La empresa recaudó capital exitosamente a través de **emisiones de derechos** y aseguró apoyo gubernamental en el Reino Unido, donde JLR tenía su sede, garantizando que tuviera suficiente liquidez para sobrevivir a la crisis.

Diversificación y Expansión: Incluso durante la crisis, Tata continuó **diversificando** sus operaciones e invirtiendo en sectores emergentes como los **servicios de TI** (a través de **Tata Consultancy Services (TCS)**) y **productos de consumo**. TCS, en particular, ayudó al grupo a mantenerse rentable a lo largo de la recesión, ya que la demanda de **servicios de TI** y **subcontratación** se mantuvo fuerte incluso cuando otras industrias luchaban.

5. Recuperación Post-Crisis y Legado

Para **2012**, la economía global había comenzado finalmente a levantarse de los escombros financieros de 2008, y allí, de pie y con una **sonrisa de satisfacción silenciosa**, estaba **Ratan Tata** y su poderoso **Grupo Tata**. Mientras otros aún lamían sus heridas, Tata había navegado exitosamente el barco a través de la tormenta, demostrando que se puede salir más fuerte, más sabio y, sí, un poco más **forjado en batalla**.

Un Giro Rentable

Tomemos **Tata Motors** y **Jaguar Land Rover (JLR)**, por ejemplo. Ambos habían estado luchando durante la recesión económica, pero para 2012, habían **vuelto a ser rentables** como un fénix que resurge de las cenizas—excepto, por supuesto, que este fénix era más probable que estuviera conduciendo un Tata Nano o un Jaguar XF. La recuperación de **JLR**, en particular, fue nada menos que **espectacular**. Muchos escépticos pensaron que comprar una marca de automóviles de lujo británica durante una recesión era una receta para el desastre, pero la **visión a largo plazo** de Tata y su negativa a escatimar recursos dio sus frutos.

El Arte de Equilibrar Beneficio con Propósito

Lo que distingue a **Ratan Tata** de los titanes de la industria habituales es que no solo se centró en tomar **decisiones difíciles** para aumentar las ganancias; se mantuvo comprometido con los **principios éticos del Grupo Tata**. No se contentó con simplemente **recuperar ganancias**—se aseguró de que la empresa mantuviera su **impacto so-**

cial, que siempre había sido central en la ética de Tata. Al equilibrar **rentabilidad con propósito**, Tata no sacrificó el **alma del negocio** para sortear la tormenta. En cambio, demostró que **hacer el bien** y **hacer bien** pueden ir de la mano.

Un Modelo para Otros

El liderazgo de **Ratan Tata** durante la crisis financiera y la posterior recuperación es a menudo presentado como un **modelo para empresas de todo el mundo.** Es una cosa liderar durante tiempos de prosperidad, pero navegar una empresa a través de un **colapso económico global** mientras se mantiene fiel a tus **principios éticos?** Eso es un juego completamente diferente. Mientras otros se apresuraban a recortar costos o tomar decisiones apresuradas, Tata se mantuvo **firme**—enfocado en el **éxito a largo plazo** sin sacrificar los **valores fundamentales** que habían definido al **Grupo Tata** durante décadas.

Su enfoque envió un **mensaje claro** al mundo empresarial: **el éxito** y la **responsabilidad social** no son mutuamente excluyentes. De hecho, para **Ratan Tata**, ambos van de la mano. Mientras guiaba al Grupo Tata a través de tiempos difíciles, se aseguró de que la **integridad** de la empresa permaneciera intacta, mostrando que no tienes que abandonar tus **valores** para mantener el barco a flote.

Un Plano para los CEO

No es de extrañar que **otros CEO**—tanto en **India** como internacionalmente—hayan intentado replicar su **modelo de liderazgo.** Su combinación de **compasión**, **visión a largo plazo**, y un **enfoque centrado en las personas** se ha convertido en un **plano** para aquellos que buscan construir empresas sostenibles y socialmente conscientes. Tata demostró que una empresa puede ser **globalizada**, **rentable**, y aún así servir a un **propósito social mayor.**

Un Legado Más Allá del Negocio

Cuando **Ratan Tata** se retiró en 2012, no solo dejó atrás un vasto conglomerado global; dejó un **legado** arraigado en **valores humanos**. Hoy, su legado se extiende mucho más allá del **balance general**. No se trata solo de los miles de millones en ingresos o de la enorme fuerza laboral bajo el paraguas de Tata. Se trata de cómo mostró que **un verdadero liderazgo** significa **más que solo números**—se trata de **personas, ética**, y el **bien común**. Su liderazgo es prueba de que cuando los negocios se hacen **bien**, pueden ser una **fuerza para el cambio positivo** en el mundo.

En el mundo corporativo actual, **el ejemplo de Ratan Tata** sigue inspirando a líderes que se esfuerzan por equilibrar la **rentabilidad** con el **impacto social**, convirtiéndolo en un verdadero **pionero del capitalismo compasivo**.

Un Legado de Liderazgo de Resiliencia y Visión

El liderazgo de Ratan Tata durante la **crisis financiera de 2008** demostró su capacidad única para navegar la **inestabilidad económica** con un enfoque en el **crecimiento a largo plazo**, en **la ética** y en **la innovación**. Al invertir en empresas en dificultades como **Jaguar Land Rover**, reestructurar la deuda de manera responsable y priorizar el bienestar de los empleados, Tata demostró que la **responsabilidad corporativa** y el **éxito financiero** pueden equilibrarse, incluso en los momentos más difíciles. Sus acciones durante la crisis no solo fortalecieron al **Grupo Tata**, sino que también reafirmaron su legado como uno de los líderes empresariales más visionarios y responsables de India.

Los Ataques Terroristas en el Taj Mahal Palace Hotel (2008): Un Símbolo de Resiliencia bajo el Liderazgo de Ratan Tata

Los **ataques terroristas en Mumbai de 2008**, que ocurrieron durante cuatro días desde el **26 hasta el 29 de noviembre**, marcaron uno de los momentos más oscuros en la historia de India. Entre los 12 sitios atacados se encontraba el icónico **Taj Mahal Palace Hotel**, propiedad del **Grupo Tata**. El hotel estuvo bajo asedio durante casi 60 horas, resultando en la pérdida de **31 vidas** y daños extensos al edificio histórico. Durante y después de los ataques, **el liderazgo de Ratan Tata** y la respuesta de la empresa se convirtieron en un símbolo global de **resiliencia, compasión y responsabilidad corporativa**.

1. Gestión de Crisis Inmediata y Liderazgo

Durante los ataques, el personal del hotel Taj, muchos de los cuales perdieron la vida protegiendo a los huéspedes, mostró un coraje extraordinario. En el aftermath de la tragedia, Ratan Tata emergió como un **líder sereno y compasivo** que estaba personalmente implicado en el proceso de recuperación.

Presencia en el Terreno: A pesar del peligro, Ratan Tata visitó el Taj Hotel tras los ataques para evaluar los daños y apoyar al personal y a las víctimas. Su involucramiento inmediato simbolizó su **liderazgo práctico** y su compromiso tanto con el Grupo Tata como con la comunidad más amplia de Mumbai.

Apoyo a Víctimas y Empleados: La principal preocupación de Ratan Tata después de los ataques fue asegurar que las víctimas, incluidos los empleados y sus familias, recibieran atención. Tata anunció que todos los afectados recibirían **apoyo integral**, que incluía:

Compensación para las familias de los empleados que murieron durante el ataque.

Apoyo en salud y educación para los hijos de las víctimas.

Apoyo financiero para la rehabilitación de los heridos.

Este enfoque compasivo ejemplificó el **liderazgo impulsado por la empatía** de Tata. No se despidió a ningún empleado, y se preservaron todos los puestos de trabajo, asegurando la seguridad a largo plazo de la fuerza laboral.

2. Un Símbolo de Resiliencia: Reconstrucción del Taj Hotel

La **reconstrucción del Taj Mahal Palace Hotel** tras los **ataques terroristas de Mumbai de 2008** no fue solo un proyecto de restauración; se convirtió en un poderoso **símbolo de la resiliencia de India**. Bajo el liderazgo de **Ratan Tata**, la respuesta del Grupo Tata a la tragedia fue rápida, decisiva y profundamente simbólica, señalando que ni la empresa ni el país serían derrotados por el terrorismo.

Restauración Rápida: Una Promesa Cumplida

Después de los ataques, **Ratan Tata** dejó claro que el Taj Hotel no solo sería reconstruido, sino que emergiría más fuerte que nunca. Declaró célebremente que el hotel sería restaurado como un **"símbolo de la resiliencia de India."** Y no estaba haciendo promesas vacías. En **tres semanas** después del ataque, partes del hotel fueron reabiertas al público, un movimiento que señaló la determinación del país de **recuperarse rápidamente**. La restauración completa se finalizó en **2010**, devolviendo al hotel su antigua gloria como uno de los más **lujosos e icónicos del mundo**.

No se trató solo de ladrillos y mortero; se trataba de mostrar al mundo que **India** y **Tata** no se dejarían intimidar por la violencia o el miedo. La rápida reapertura del hotel fue una declaración audaz de **desafío** contra el terrorismo y un recordatorio de que **la esperanza** y **el espíritu humano** son inquebrantables.

Patrimonio y Modernización: Equilibrando el Pasado y el Futuro

La visión de Ratan Tata para el **Taj Hotel** no era solo reabrir las puertas; se trataba de encontrar el equilibrio perfecto entre **preservar la historia** y asegurar **la seguridad moderna**. El hotel está impregnado de patrimonio, habiendo abierto en 1903, y ocupa un lugar icónico en **el paisaje cultural y arquitectónico de India**. Tata estaba comprometido a **restaurar sus elementos históricos**, y el grupo emprendió esfuerzos meticulosos para **preservar** su encanto original. Desde la famosa **Gran Escalera** hasta la elegante **cúpula**, el hotel fue restaurado con dedicación a honrar su **legado**.

Al mismo tiempo, Tata no dudó en modernizar la infraestructura. En respuesta al ataque, el hotel incorporó **sistemas de seguridad de última generación** y **nuevos protocolos de seguridad** para prevenir futuros incidentes. Esta cuidadosa combinación de **preservación** y **modernización** fue simbólica no solo para el hotel, sino para **la India misma**, representando a un país que respeta su pasado mientras abraza audazmente su futuro.

El manejo de Ratan Tata en la **reconstrucción del Taj Hotel** se convirtió en un **símbolo de la fortaleza de India**, demostrando que incluso frente a la tragedia, la nación podría levantarse, reconstruirse y avanzar con **orgullo y resiliencia**.

3. Responsabilidad Social Corporativa y Apoyo a Largo Plazo

Ratan Tata no solo se centró en reconstruir el **Taj Mahal Palace Hotel** tras los devastadores **ataques de Mumbai de 2008**; dirigió su atención hacia el bienestar a largo plazo de las víctimas, empleados y sus familias. Bajo su liderazgo, el **Grupo Tata** adoptó un enfoque integral hacia la **responsabilidad social corporativa**, asegurando que sus esfuerzos no fueran solo una **reacción a corto plazo** sino un compromiso sostenible con la **rehabilitación** y el **apoyo**.

Más Allá de las Obligaciones Legales: Un Legado de Compasión

Mientras que muchas corporaciones podrían cumplir con sus **obligaciones legales** y seguir adelante, Tata fue **más allá de lo requerido.** Las familias de las víctimas no solo recibieron compensación; también obtuvieron **ayuda financiera a largo plazo**, que incluía apoyo para **educación**, **vivienda**, y **salud**. Estos gestos se extendieron mucho más allá de lo que exigía la ley, ilustrando el **ethos de responsabilidad de Tata**, que no se trataba solo de cumplir con requisitos, sino de hacer una verdadera **diferencia en la vida de las personas**.

Tata también se aseguró de que los **empleados** y los afectados por los ataques recibieran el **apoyo financiero y emocional** que necesitaban. Esto no era solo un ítem en una lista corporativa; Tata estaba decidido a crear un entorno de **seguridad y cuidado**, asegurando que aquellos que habían sufrido traumas recibieran apoyo en todos los niveles.

Apoyo a Sobrevivientes: Una Respuesta Humana

Los esfuerzos del Grupo Tata no se limitaron a **ayuda financiera.** Comprendieron las implicaciones más profundas del trauma, y **Ratan Tata** se aseguró de que los sobrevivientes recibieran **apoyo emocional y psicológico** también. **Se brindaronservicios de consejería** no solo para los empleados, sino también para sus familias, ayudándoles a lidiar con las secuelas de la tragedia.

En un gesto profundamente personal, **Ratan Tata** visitó a las familias de las víctimas, ofreciéndoles **consuelo y apoyo.** Su enfoque no se limitó a emitir cheques, sino a proporcionar una **respuesta humana y compasiva** a quienes se vieron afectados. Este nivel de **involucramiento personal** y la énfasis en **el bienestar emocional** demostraron su creencia en un estilo de liderazgo que pone a **las personas en primer lugar**—una característica del legado de Tata.

El enfoque de Ratan Tata hacia la **rehabilitación a largo plazo** después de los ataques de 2008 sigue siendo un testimonio de su creencia de que la **responsabilidad corporativa** no se trata solo de hacer lo mínimo necesario. Se trata de **estar al lado de las personas**, asegurando su **bienestar** mucho después de que la atención mediática se haya desvanecido, y de crear una **cultura de cuidado y compasión** que define al **Grupo Tata** hasta el día de hoy.

4. Liderazgo Ético en Tiempos de Crisis

Las acciones de Ratan Tata durante los ataques ejemplificaron su **compromiso con el liderazgo ético.** Su involucramiento personal en los esfuerzos de ayuda y su negativa a ver el ataque únicamente como una crisis corporativa, enfocándose en el aspecto humano de la tragedia, le valieron un amplio respeto.

Liderando con Compasión: La énfasis de Tata en **la compasión y la empatía** sobre las ganancias contrastó marcadamente con muchas respuestas globales a crisis similares. Sus acciones mostraron que el rol de un líder empresarial va más allá del rendimiento financiero; implica un deber moral de proteger y apoyar a aquellos afectados por crisis.

Enfoque en la Comunidad: Ratan Tata no limitó sus esfuerzos al Taj Hotel o al Grupo Tata. Extendió su apoyo a **otros víctimas de los ataques** en Mumbai, incluidos civiles heridos, oficiales de policía y socorristas. Este amplio alcance de asistencia reforzó la creencia de Tata en la **responsabilidad social** de la empresa y su papel integral en **el bienestar de la comunidad**.

5. Reconocimiento Global y Legado

El manejo de Ratan Tata de los ataques de Mumbai de 2008 no solo le valió admiración en casa; le trajo **reconocimiento global** por sus **esfuerzos humanitarios** y su **liderazgo en crisis**. En un momento en que el miedo y el caos podrían haber abrumado, las acciones de Tata fueron una maestría en equilibrar las **responsabilidades empresariales** con **la compasión humana**. Esta combinación de **ética** y **resiliencia** solidificó al **Grupo Tata** como un referente global de cómo una corporación debería responder en tiempos de **crisis**.

Un Símbolo de la Fuerza de India

La restauración del **Taj Mahal Palace Hotel** se convirtió en más que una decisión empresarial; se convirtió en un poderoso **símbolo de la resiliencia de India**. Al restaurar el hotel tan rápidamente y con tanto cuidado, **Ratan Tata** envió un mensaje no solo al pueblo de India, sino al mundo entero: **el terrorismo** no derrotaría el espíritu o el orgullo del país. El **compromiso del Grupo Tata** para restaurar el hotel, preservando su patrimonio mientras lo modernizaba, fue una manifestación de **la determinación de India** para superar la adversidad.

Legado de Liderazgo

El liderazgo de Ratan Tata durante la crisis no solo reparó un edificio; redefinió lo que podría ser la **responsabilidad corporativa**. Su énfasis en **las personas sobre las ganancias** en el aftermath de los ataques, desde ofrecer **apoyo a largo plazo** a las víctimas y empleados, hasta visitar personalmente a las familias de los afectados, lo estableció como un líder impulsado por **la empatía**. Esto no fue solo gestión de crisis; fue **liderazgo humano**.

Sus acciones durante y después de los ataques continúan inspirando a empresas de todo el mundo, estableciendo un **estándar** de cómo el **éxito financiero** puede coexistir con la **responsabilidad social**. El **Grupo Tata** se convirtió en el estándar de oro para el **comportamiento corporativo ético**, y el legado de Tata continúa moldeando la forma en que las empresas abordan la **crisis, la compasión**, y el **impacto a largo plazo**.

A través de su liderazgo, Ratan Tata ha demostrado que **el verdadero liderazgo** no se trata solo de **tomar decisiones** en la sala de juntas; se trata de liderar con **el corazón** en los momentos más difíciles.

COVID-19 y Más Allá: El Rol de Tata en la Respuesta de la India Corporativa

Durante la **pandemia de COVID-19**, el **Grupo Tata**, bajo la guía de **Ratan Tata** y **N. Chandrasekaran** (actual presidente de Tata Sons), desempeñó un papel significativo en la **respuesta de la India corporativa** a la crisis. Las contribuciones de Tata fueron más allá de los intereses empresariales y enfatizaron **la salud pública, el bienestar de los empleados**, y **el apoyo comunitario**, reflejando el compromiso de largo plazo del grupo con la **responsabilidad social corporativa (RSC)**.

1. Respuesta Inmediata y Ayuda Financiera

El **Grupo Tata** actuó rápidamente en los primeros meses de la pandemia, realizando contribuciones significativas a los esfuerzos de alivio. En **marzo de 2020**, Tata Trusts y Tata Sons se comprometieron con **₹1,500 crores** (aproximadamente $200 millones) para combatir la COVID-19. Esta ayuda financiera fue dirigida hacia:

Infraestructura de Salud: Se asignaron fondos para proporcionar **equipos de protección personal (EPP)**, **ventiladores**, y **kits de prueba** para los trabajadores de la salud. Tata Trusts también se centró en **aumentar la capacidad de pruebas** estableciendo **hospitales modulares** y ampliando el número de laboratorios de pruebas en toda India.

Vacunas y Salud Pública: Tata Trusts trabajó en estrecha colaboración con el gobierno para apoyar la **distribución de vacunas** y el desarrollo de infraestructura de salud en áreas rurales. El grupo colaboró con organizaciones internacionales y centros de investigación para acelerar la disponibilidad de vacunas, asegurando que las comunidades marginadas tuvieran acceso a la inmunización.

Asociación con CSIR y BIRAC: Tata Sons se asoció con el **Consejo de Investigación Científica e Industrial de India (CSIR)** y el **Consejo de Asistencia a la Investigación de la Industria Biotecnológica (BIRAC)** para crear una **plataforma de pruebas de COVID-19**. Esta plataforma tenía como objetivo aumentar las pruebas y ayudar en el rastreo de contactos, contribuyendo al esfuerzo nacional para frenar la propagación del virus.

2. Énfasis en el Bienestar de los Empleados

Un enfoque clave de la respuesta de Tata a la pandemia fue garantizar la seguridad y el bienestar de sus empleados en sus diversas empresas. Algunos de los pasos tomados incluyen:

Protocolos de Salud y Seguridad: Las empresas Tata implementaron **políticas de trabajo desde casa**, proporcionaron acceso a **instalaciones de salud**, y establecieron **servicios de telemedicina** para proteger a los empleados. Se introdujeron programas especiales de salud mental y consejería para apoyar a los empleados que enfrentaban el impacto psicológico de la pandemia.

Apoyo Financiero para Empleados: Tata Motors, Tata Steel y otras empresas Tata ofrecieron **compensación financiera** y extendieron beneficios médicos a los empleados afectados por la pandemia. Las familias de los empleados que fallecieron por COVID-19 recibieron apoyo financiero, cobertura de salud y apoyo educativo para sus hijos.

Seguro de COVID-19: Tata proporcionó **seguro de salud específico para COVID-19** a sus empleados, asegurando que tuvieran acceso a atención médica sin la carga de altos costos. Esta acción subrayó el compromiso del grupo de apoyar a su fuerza laboral durante la crisis.

3. Contribuciones a la Salud Pública y Tecnología

Las contribuciones de Tata a **la salud pública** durante la pandemia se extendieron a innovaciones tecnológicas y asociaciones:

Tata Consultancy Services (TCS) desempeñó un papel clave en el desarrollo de **soluciones digitales** para apoyar los esfuerzos de alivio durante la pandemia. TCS construyó plataformas para **servicios de salud, rastreo de contactos**, y **gestión de datos** para el gobierno indio, ayudando a rastrear los casos de COVID-19 y mejorar la asignación de recursos.

Tata Steel y otras empresas proporcionaron suministros de oxígeno a hospitales en el punto álgido de la crisis de oxígeno en India durante la segunda ola en 2021. Tata Steel desvió suministros de oxígeno industrial a hospitales, ofreciendo más de **1,000 toneladas métricas de oxígeno líquido por día**, salvando innumerables vidas durante el periodo más crítico de la pandemia.

4. Apoyo a la Comunidad e Impacto Social

El impacto del Grupo Tata durante la pandemia no se limitó a la salud, sino que se extendió a abordar los **desafíos económicos y sociales** exacerbados por la crisis:

Distribución de Alimentos y Esenciales: Tata Trusts y las empresas bajo el paraguas de Tata movilizaron recursos para distribuir **alimentos, suministros de saneamiento y productos de higiene personal** a comunidades afectadas, incluyendo trabajadores migrantes y jornaleros diarios que se quedaron sin empleo debido a los confinamientos.

Apoyo a Trabajadores Migrantes: Reconociendo la difícil situación de los **trabajadores migrantes** durante la pandemia, el Grupo Tata proporcionó ayuda financiera y colaboró con organismos gubernamentales para establecer **campamentos de alivio** para trabajadores varados. Estos campamentos ofrecieron refugio temporal, comida, y servicios de salud.

Iniciativas Educativas: Tata Trusts lanzó varios programas para abordar la **brecha educativa** creada por la pandemia. Esto incluyó herramientas de educación digital para estudiantes en áreas rurales y desatendidas que no pudieron acceder a la educación tradicional debido a los confinamientos y el cambio al aprendizaje en línea.

5. El Liderazgo Personal de Ratan Tata

A lo largo de la pandemia, **Ratan Tata** estuvo activamente involucrado, tanto como líder como defensor público de la compasión y la unidad. Expresó sus opiniones en **redes sociales**, haciendo un llamado a la **empatía y solidaridad** frente a la crisis sin precedentes, al mismo tiempo que enfatizaba la importancia de proteger los medios de vida junto con las vidas.

El liderazgo de Ratan Tata reforzó los valores del Grupo Tata de **resiliencia, ética y responsabilidad**. Su enfoque personal—frecuentemente permaneciendo tras bambalinas pero brindando apoyo crítico—destacó su atención a la **filantropía silenciosa** y asegurando un impacto a largo plazo.

6. Más Allá de la COVID-19: Un Enfoque Centrado en el Futuro

A medida que el mundo emerge de la pandemia, el Grupo Tata está tomando medidas para ayudar a la recuperación a largo plazo de India:

Inversiones en Salud: Tata continúa invirtiendo en la infraestructura de salud de India, particularmente en áreas rurales. Tata Trusts también está trabajando en expandir los **servicios de telemedicina** y aumentar el acceso a atención médica en regiones remotas.

Tecnología y Sostenibilidad: Después de la pandemia, el Grupo Tata se centra en aprovechar la **tecnología** para impulsar el **desarrollo sostenible**. Esto incluye avanzar en **proyectos de energía limpia**, expandir **infraestructura digital**, y apoyar innovaciones en **educación** y **salud**.

Esfuerzos de Vacunación: Tata ha desempeñado un papel clave en el apoyo a los esfuerzos de vacunación, ayudando a financiar y distribuir vacunas a poblaciones desatendidas. A través de **asociaciones público-privadas**, las contribuciones de Tata a la distribución de vacunas están ayudando a India a gestionar las necesidades de salud pública a largo plazo después de la pandemia.

Liderazgo en Tiempos de Crisis

La respuesta del Grupo Tata a la **pandemia de COVID-19** reflejó sus **valores fundamentales de responsabilidad social** y **bienestar de los empleados**, que han sido parte integral de su identidad durante más de un siglo. Al centrarse en **salud pública, seguridad de los empleados**, y **apoyo a la comunidad**, el Grupo Tata ejemplificó cómo una corporación puede aprovechar sus recursos para el bien común, incluso ante desafíos globales sin precedentes.

La participación personal de Ratan Tata, junto con el **pensamiento estratégico a largo plazo** del liderazgo de Tata, posicionó al grupo como un **pilar de resiliencia** durante la crisis y más allá. Esta respuesta ha establecido un referente para la **responsabilidad corporativa** en India, ilustrando cómo las empresas pueden desempeñar un papel fundamental en abordar los desafíos sociales durante y después de emergencias globales.

Capítulo 7: El Estadista Mayor de la Industria India

La Jubilación de Ratan Tata en 2012: Renunciando, Pero Siguiendo Siendo una Guía Influyente

En **diciembre de 2012**, después de más de **dos décadas transformadoras** al mando, **Ratan Tata** se retiró como el **presidente de Tata Sons**, la empresa matriz del **Grupo Tata**. Su jubilación marcó el cierre de un capítulo extraordinario en la historia del grupo. Bajo su liderazgo, el Grupo Tata se había expandido de una **empresa centrada en India** a un **conglomerado global**, con adquisiciones de alto perfil como **Tetley Tea**, **Corus Steel**, y **Jaguar Land Rover**, consolidando su posición en el escenario mundial.

Sin embargo, la **jubilación** de Ratan Tata no fue una salida completa. Mientras renunciaba a sus **responsabilidades ejecutivas**, continuó desempeñando un papel significativo dentro del grupo como **asesor y mentor**. Este compromiso continuo le permitió guiar **el liderazgo de Tata**, ofreciendo su sabiduría y experiencia mientras el grupo navegaba por nuevos desafíos y oportunidades en el mercado global. Su papel post-jubilación reflejó el **compromiso inquebrantable** de Tata con la empresa, incluso al pasar la antorcha a una nueva generación de líderes.

Aunque **Cyrus Mistry** le sucedió como presidente, la **influencia de Tata se mantuvo fuerte**, particularmente a través de su participación en los **Tata Trusts**, que controlan una gran parte de las acciones del grupo. Su presencia como asesor aseguró que los **valores** de **integridad**, **innovación**, y **responsabilidad social** continuaran guiando su futuro.

1. Renunciando al Liderazgo

Cuando **Ratan Tata** se retiró a la edad de 75 años, no fue solo un "momento de montar hacia el ocaso" regular. Oh no, fue una despedida bien orquestada, siguiendo las **directrices de gobernanza corporativa del Grupo Tata**, que, siendo la entidad amante de las reglas que es, establece un límite de edad para los ejecutivos senior. Ya sabes, como decirle a alguien: "Oye, gracias por expandir el imperio y hacer historia, pero ahora es hora de frenar un poco." Pero, ¿se **Ratan Tata** detuvo? ¡Ja! Ni de broma.

Para asegurarse de que esta **transición** fuera suave (porque seamos honestos, no simplemente reemplazas a un tipo como **Ratan Tata** de la noche a la mañana), **Tata Sons** comenzó un plan de sucesión estructurado—como un ballet bien coreografiado pero con hojas de cálculo. En **2011**, anunciaron a **Cyrus Mistry** como el heredero al trono corporativo, una elección que tendría su propia, digamos, *torcedura de trama* más adelante. Pero eso lo dejaremos para otra ocasión.

Ahora, tomemos un momento para apreciar lo que **Ratan Tata** había logrado para cuando se despidió de su traje en **diciembre de 2012**. Bajo su vigilancia, el **Grupo Tata** no solo creció—se fue de **compras globales** que harían que incluso los magnates de negocios más experimentados levantaran una ceja.

Tetley Tea, **Corus Steel**, y **Jaguar Land Rover (JLR)**—tres marcas icónicas, todas adquiridas bajo el liderazgo de Tata. De repente, Tata no solo era **el orgullo y la alegría de India**, sino que ahora era un **jugador global**, codeándose con los nombres más grandes en los negocios.

Luego estuvo el lanzamiento del **Tata Nano**—un intento ambicioso (aunque algo peculiar) de poner a **la clase media india** al volante. Claro, no fue un éxito rotundo, pero hey, **Ratan Tata** lo intentó, y fue una prueba de su **pensamiento visionario**.

Y no olvidemos a **Tata Consultancy Services (TCS)**, la empresa que pasó de ser una modesta división de servicios de software a un **gigante global de TI** bajo su vigilancia. Si algo cimentó el estatus de Tata como un poder empresarial, fue esta **transformación tecnológica**.

Para cuando **Ratan Tata** dijo adiós a su papel como presidente, el **Grupo Tata** estaba generando más de **$100 mil millones** anualmente, con un impresionante **65% de esos ingresos provenientes de fuera de India**. En resumen, no solo hizo crecer el negocio—**lo redefinió**, convirtiéndolo en uno de los conglomerados más respetados y grandes del mundo. ¿Una leyenda? Oh, absolutamente.

2. Continuando como Asesor y Mentor

Aunque Ratan Tata renunció a su posición formal de presidente, no se disengaged completamente del Grupo Tata. Continuó estando **estrechamente asociado** con el brazo benéfico del grupo, **Tata Trusts**, que controla aproximadamente **dos tercios de la equidad de Tata Sons**. Como presidente de Tata Trusts, Ratan Tata desempeñó un papel clave en guiar las actividades filantrópicas del grupo, particularmente en áreas como **salud**, **educación**, **desarrollo rural**, y **innovación social**.

Su posición en Tata Trusts le permitió seguir siendo influyente en dar forma a la dirección general del Grupo Tata, ya que los Trusts tienen un gran peso sobre el liderazgo de Tata Sons.

Rol Asesor: La continua participación de Ratan Tata como asesor le brindó la oportunidad de ofrecer orientación al liderazgo del grupo. Incluso después de su jubilación, se le consultó con frecuencia sobre decisiones estratégicas importantes y siguió siendo una figura respetada dentro del Grupo Tata. Su presencia aseguró continuidad, brindando tranquilidad tanto a los empleados como a los inversores.

Mentoría para la Próxima Generación: Tata también ha asumido un **rol de mentoría**, especialmente para líderes más jóvenes dentro del Grupo Tata y más allá. Su enfoque hacia el liderazgo, caracterizado por **humildad**, **ética** y **visión a largo plazo**, ha seguido inspirando a muchos en el mundo empresarial. Ha sido mentor de emprendedores y startups, invirtiendo a menudo de manera personal en empresas emergentes que se alinean con sus valores de impacto social e innovación.

3. Navegando el Período de Transición

La transición de **Ratan Tata** a **Cyrus Mistry** comenzó como un proceso suave y medido, pero como se dice en el mundo empresarial, mares tranquilos no hacen marineros hábiles. Y, vaya que esos mares se volvieron tumultuosos. **Cyrus Mistry**, nombrado en **2012**, parecía ser un sucesor natural al principio, pero para **2016**, la relación entre Mistry y la junta de **Tata Sons** se desplomó —como uno de esos momentos de película donde todo es perfecto, y luego *bam*, caos.

Un Choque de Visiones

¿El problema central? Bueno, fue visto por muchos como una **batalla por el alma del Grupo Tata**. El estilo de liderazgo y las decisiones estratégicas de Mistry chocaron con el **ethos** de Tata, que siempre se había centrado en **ética**, **visión a largo plazo** y **responsabilidad** por encima de las ganancias a corto plazo. Mistry, conocido por su enfoque más pragmático, enfatizó la **rentabilidad** y la **eficiencia**, pero esto parecía chocar con los **valores impulsados por el legado** que **Ratan Tata** había cultivado durante décadas. Lo que siguió fue una **destitución abrupta** de Mistry como presidente en **octubre de 2016**, y de repente la sala de juntas se convirtió en el epicentro de una batalla legal muy publicitada.

Ratan Tata Regresa: El Caballero de Armadura Brillante

En medio del caos, la **junta de Tata Sons** necesitaba una mano firme, y ¿quién mejor que **Ratan Tata** mismo? Regresó a la posición de liderazgo como **presidente interino**, tranquilo y sereno, como el estadista mayor que vuelve para enderezar el rumbo. Su regreso no solo se trató de un rostro familiar —se trató de traer **estabilidad** en un momento en que el grupo enfrentaba **riesgos reputacionales** y una crisis de liderazgo interno. Mientras la batalla entre **Mistry** y la junta se desarrollaba en los tribunales y en los titulares de noticias, **Ratan Tata** se dedicó en silencio a garantizar que el futuro del grupo permaneciera sólido.

Un Nuevo Líder, Con la Bendición de Tata

Para **2017**, las cosas se calmaron cuando el grupo anunció a **N. Chandrasekaran**, el **anterior CEO de Tata Consultancy Services (TCS)**, como el nuevo presidente de **Tata Sons**. Chandrasekaran, o **Chandra**, como se le conoce afectuosamente, era un hombre con un profundo entendimiento de los valores del Grupo Tata y un historial comprobado de **convertir a TCS en un gigante global de TI**. Su nombramiento no fue solo una decisión de la junta; contaba con **el apoyo total de Ratan Tata**. Y cuando tienes el respaldo de Tata, sabes que estás en el camino correcto.

Desde entonces, **el liderazgo de Chandra** ha devuelto la estabilidad que el grupo necesitaba. Bajo su dirección, el Grupo Tata ha regresado a un **crecimiento sostenible**, con **el legado de Tata** firmemente intacto. La transición fue turbulenta, pero con Ratan Tata interviniendo en un momento crítico, se convirtió en otro capítulo en la larga historia de resiliencia del grupo.

4. Filantropía Personal e Inversiones Después de la Jubilación

Después de su jubilación, Ratan Tata también se ha centrado en la **filantropía personal** y en las **inversiones de riesgo**, alineando sus inversiones con causas sociales e innovación. Su interés personal en las startups ha sido un notable esfuerzo posterior a la jubilación, ya que ha invertido en varias startups indias de alto perfil, incluyendo:

Ola (servicios de transporte)

Paytm (pagos digitales)

UrbanClap (servicios a demanda)

Las inversiones personales de Tata a menudo se dirigen a **startups impulsadas por la tecnología** que abordan **desafíos sociales**, como mejorar el acceso a la atención médica, inclusión financiera y creación de oportunidades de empleo.

5. La Influencia Duradera de Ratan Tata

A pesar de su jubilación, **la influencia de Ratan Tata** en el Grupo Tata sigue siendo innegable. Sus valores de **liderazgo ético**, **responsabilidad social** y **gobernanza corporativa** continúan moldeando las operaciones del grupo. Su presencia continua en **Tata Trusts**, combinada con su mentoría a los actuales líderes del grupo, asegura que el **legado de integridad** y **filantropía** de Tata siga siendo central en la identidad del conglomerado.

La visión y la guía de Ratan Tata también han asegurado que el Grupo Tata se mantenga **enfocado en el futuro**, con importantes inversiones en áreas como **sostenibilidad, energía limpia, transformación digital**, y **innovación tecnológica**.

Mentoría: La Influencia de Ratan Tata en la Próxima Generación de Emprendedores Indios

El legado de Ratan Tata se extiende mucho más allá de su mandato como presidente de **Tata Sons**. Desde su jubilación en 2012, Tata ha desempeñado un papel activo en la mentoría de la próxima generación de **emprendedores indios**. Se ha convertido en un **símbolo de liderazgo ético**, inspirando a los emprendedores no solo a centrarse en las ganancias, sino también a incorporar **responsabilidad social** y **sostenibilidad** en sus negocios.

1. Apoyando a Jóvenes Emprendedores: Inversiones de Riesgo

Después de su jubilación, Ratan Tata se involucró profundamente en el **capital de riesgo**, invirtiendo en numerosas startups indias y mentorando a jóvenes emprendedores en diversas industrias. Sus inversiones a menudo se centran en **startups de impacto social, impulsadas por la tecnología** que se alinean con sus valores fundamentales de **innovación, inclusividad** y **ética**.

Ola (servicios de transporte): Tata realizó una inversión personal en **Ola**, uno de los principales servicios de transporte de India. Su inversión y guía ayudaron a Ola no solo financieramente, sino también a navegar los desafíos de escalar el negocio mientras mantenía **el bienestar de los empleados** y **prácticas centradas en el cliente**.

Paytm (pagos digitales): Otra inversión de alto perfil fue en **Paytm**, una empresa líder en pagos digitales en India. El respaldo de Ratan Tata fue instrumental para aumentar la credibilidad de la empresa en un mercado competitivo, y su consejo sobre equilibrar el crecimiento rápido con la sostenibilidad a largo plazo tuvo una influencia significativa en el éxito de la empresa.

UrbanClap (ahora Urban Company): Tata invirtió en **Urban-Clap**, una plataforma de servicios a demanda, y apoyó a los fundadores mientras escalaban el negocio. Su guía se centró en mantener la confianza del cliente, garantizar un trato justo a los proveedores de servicios y mantener las operaciones de la empresa éticas a medida que crecía.

El apoyo de Tata a estas startups va más allá de solo la inversión financiera. A menudo interactúa con los fundadores, ofreciéndoles consejos sobre estrategia, gestión y liderazgo. Su énfasis en la **gobernanza ética** resuena con muchos jóvenes emprendedores que lo ven como un modelo a seguir sobre cómo construir negocios exitosos con integridad.

2. Símbolo de Liderazgo Ético

El enfoque de Ratan Tata hacia los negocios, definido por **liderazgo ético**, lo ha convertido en un símbolo de **capitalismo responsable** en India. A lo largo de su carrera, Tata ha abogado por la idea de que las empresas deben equilibrar la **rentabilidad** con el **impacto social**, promoviendo un estilo de liderazgo que prioriza el bienestar de los empleados, los clientes y la sociedad.

Defendiendo Valores: Tata siempre ha creído en la importancia de **juego limpio** y **liderazgo moral**. Durante su mandato como presidente de Tata Sons, estableció altos estándares para **la gobernanza corporativa** en todo el grupo. Su creencia de que la **integridad** y la **honestidad** son fundamentales para el liderazgo ha inspirado a muchos emprendedores a adoptar prácticas similares en sus empresas.

Responsabilidad Social Corporativa (RSC): Ratan Tata desempeñó un papel importante en la incorporación de **RSC** en el ADN del Grupo Tata. Su compromiso de utilizar los negocios como una fuerza para el bien ha inspirado a la generación más joven de emprendedores a ver la RSC como más que un requisito regulatorio, sino como una parte fundamental de su misión corporativa.

Filantropía y Devolución a la Sociedad: La profunda implicación de Tata en la **filantropía** a través de **Tata Trusts** ha cimentado aún más su papel como símbolo de **liderazgo socialmente responsable**. Sus valores personales de devolver a la sociedad han animado a muchos emprendedores de nueva generación a incorporar causas sociales en sus negocios, impulsando un cambio en la forma en que se llevan a cabo los negocios en India.

3. Mentoría Personal y Abogacía

Más allá de las inversiones, Ratan Tata a menudo se interesa personalmente por el **crecimiento y desarrollo** de los emprendedores. Es conocido por su actitud accesible y humilde, lo que lo ha convertido en una figura accesible para los jóvenes líderes que buscan orientación. Algunas áreas clave de su mentoría incluyen:

Pensamiento a Largo Plazo: Tata anima a los emprendedores a **centrarse en objetivos a largo plazo** en lugar de en ganancias a corto plazo. A menudo les aconseja construir negocios que puedan sostenerse y prosperar durante décadas, siguiendo el legado del Grupo Tata de creación de valor a largo plazo.

Equilibrando Ambición con Ética: Tata mentoriza a emprendedores sobre la importancia de la **ambición ética**—la idea de que es posible ser tanto motivado como principista. Les aconseja a las startups priorizar prácticas éticas incluso en entornos competitivos y de alta presión.

Resiliencia e Integridad: Una de las lecciones clave que imparte es la importancia de la **resiliencia** ante los desafíos. Tata mismo ha guiado al Grupo Tata a través de períodos difíciles, incluyendo la **crisis financiera global de 2008** y los **atentados terroristas de Mumbai**. Su capacidad para navegar estos desafíos mientras mantenía un liderazgo ético ha inspirado a jóvenes líderes a manejar la adversidad con gracia e integridad.

4. Influencia en el Ecosistema de Startups de India

La implicación de Ratan Tata en el **ecosistema de startups de India** ha tenido un impacto duradero en la forma en que se ve el emprendimiento en el país. Ha ayudado a crear un entorno donde **la innovación** y **la responsabilidad** se ven como fuerzas complementarias, no opuestas. Sus inversiones y mentoría han fomentado una nueva generación de emprendedores que priorizan **el impacto social**, **la sostenibilidad**, y **el crecimiento inclusivo**.

La Creciente Cultura de Startups en India: El ecosistema de startups indio ha florecido en la última década, y la implicación de Ratan Tata ha ayudado a crear una cultura de **emprendimiento ético**. Su defensa del crecimiento responsable, junto con su apoyo directo a las startups, ha impulsado a los emprendedores a centrarse en **construir negocios escalables** que también **beneficien a la sociedad**.

Modelo a Seguir para Emprendedores de Nueva Generación: La estatura de Tata como un **est statesman** empresarial y su compromiso con **causas sociales** lo han convertido en un **modelo a seguir** para los emprendedores de nueva generación. Muchos fundadores de las principales startups de India lo citan como una fuente de inspiración, no solo por su agudeza empresarial, sino también por su estilo de liderazgo basado en valores.

Imagen Pública: La Persona de Ratan Tata—De Habla Suave, Tímido ante los Medios, Pero Altamente Respetado

Ratan Tata es una figura que desafía el típico arquetipo de un magnate empresarial. En un mundo donde el éxito a menudo se traduce en una presencia ruidosa y pública, Tata siempre ha destacado—de habla suave, intensamente privado y, sin embargo, generando un profundo respeto. Su imagen pública está moldeada por su carisma discreto y genuina humildad, cualidades que resuenan mucho más allá de la sala de juntas.

Dignidad Silenciosa

La voz de Ratan Tata rara vez retumba, y no la necesita. Es un líder de habla suave cuyas palabras tienen peso precisamente porque son medidas y reflexivas. Donde otros podrían dominar la conversación con declaraciones rimbombantes, el estilo de Tata siempre ha estado enraizado en una autoridad silenciosa. Es esta manera tranquila e introspectiva la que lo ha convertido en una de las figuras más respetadas en India y en el mundo. Su comportamiento dice mucho sobre su carácter: modesto, centrado y, lo más importante, siempre al servicio del bien común.

Reservado ante los Medios, Pero Poderosamente Presente

La naturaleza reservada de Ratan Tata con los medios se ha convertido en parte de su leyenda. En una época en la que muchas figuras empresariales disfrutan cada oportunidad para estar frente a una cámara o tuitear sus pensamientos sobre todo, desde ganancias trimestrales hasta rutinas de yoga matutinas, Tata siempre ha preferido **retirarse del centro de atención**. No evita los medios por arrogancia, sino porque realmente cree en dejar que su **trabajo** y los **logros del Grupo Tata** hablen por sí mismos. No lo encontrarás haciendo fila para **charlas TED** o publicando una cita motivacional por cada "me gusta" en las redes sociales. No, Tata sigue siendo una **figura elusiva**—una que habla solo cuando es necesario.

Las acciones hablan más que las palabras

La preferencia de Ratan Tata por mantenerse alejado del ojo público proviene de una **creencia arraigada**: son los **resultados**, no la fanfarria, lo que realmente importa. A diferencia de algunos CEOs modernos que están constantemente gestionando su marca personal o convirtiéndose en influencers, **Tata** se aferra a la idea de que **la sustancia supera al estilo.** Y tal vez por eso la gente lo respeta aún más. Es esta cualidad enigmática—estar en **control total de su presencia**, pero sin buscar atención—lo que le ha dado un aura de **sabiduría misteriosa.**

Respetado por su silencio

Lo interesante es que esta falta de compromiso con los medios no ha perjudicado su **imagen pública**; de hecho, la ha realzado. El silencio de Tata no se ve como un vacío, sino como un espacio que hace que sus raras palabras públicas sean aún más poderosas. Cuando **Ratan Tata** habla, la gente escucha. Sus discursos, entrevistas y declaraciones son **reflexivos, medidos** y tienen el peso de alguien que no habla solo por hablar. Esta presencia silenciosa, pero **imponente**, lo ha hecho aún más **admirado**, no solo como empresario, sino como un **líder de pensamiento** en India y en todo el mundo.

En una era de **sobreexposición**, Ratan Tata ha dominado el arte de **mantenerse poderoso al permanecer en silencio**, una rareza en el mundo acelerado y orientado a los medios de hoy.

Respetado por su integridad

En el corazón de la imagen pública de Tata se encuentra una reputación por su integridad inquebrantable. No solo es respetado por su agudeza empresarial, sino por los valores que encarna—ética, humildad y compasión. Incluso al enfrentar desafíos, como la adquisición de Jaguar Land Rover o navegar la crisis financiera de 2008, Tata siempre abordó las decisiones considerando el bienestar a largo plazo de los empleados, accionistas y la sociedad. Su liderazgo ético lo ha convertido en un símbolo de cómo debería ser la responsabilidad corporativa.

No se trata solo de negocios para Tata; se trata de construir una mejor sociedad, razón por la cual es conocido no solo como un capitán de la industria, sino como un constructor de naciones. Cuando Tata entra en una habitación, no hay necesidad de hacer alarde—su reputación lo precede. Se ha ganado el respeto de la nación, no a través de discursos llamativos, sino a través de un servicio **silencioso y persistente a la sociedad**.

Y esa es la belleza de Ratan Tata—no busca respeto; este lo encuentra a él. A través de su naturaleza reservada y de voz suave, ha creado un legado indeleble, no solo en los negocios, sino en el mismo tejido de la India moderna.

Capítulo 8: Una vida de simplicidad en medio del éxito

Vida personal: Ratan Tata—El viaje de un soltero, modestia y pasiones

Ratan Tata es una figura fascinante, no solo por sus logros en la sala de juntas, sino también por la **intrigante simplicidad** de su vida personal. A pesar de su inmenso éxito, Tata siempre ha vivido la vida a su manera, equilibrando silenciosamente las demandas del liderazgo corporativo con un estilo de vida profundamente **privado y modesto**. Mientras que su vida profesional puede haberse desarrollado en un escenario global, su vida personal es un ejercicio de **minimalismo, humildad**, y las alegrías de **los placeres simples**.

La decisión de ser soltero

Uno de los aspectos más intrigantes de la vida de **Ratan Tata** es su decisión de permanecer como **soltero**, un tema que ha despertado desde hace tiempo la curiosidad del público. A diferencia de la mayoría de las historias de soltería, la de Tata está llena de casi-misses y un sentido de **deber** en lugar de una evitación deliberada del matrimonio. En varias entrevistas, Tata ha compartido abiertamente que estuvo cerca de casarse **cuatro veces**, pero por diferentes razones, cada compromiso **fracasó**.

Uno de los momentos más significativos involucró una relación durante su tiempo en los **Estados Unidos**. Tata había desarrollado una conexión profunda con alguien mientras estudiaba en **Cornell** y trabajaba en **Los Ángeles**, pero la vida tenía otros planes. Sintió un **fuerte impulso de regresar a India** para cuidar a un familiar, y como resultado, la relación no pudo avanzar. Su sentido de **responsabilidad** y **deber familiar** siempre fue una prioridad, incluso cuando significaba hacer **sacrificios personales**.

Sin embargo, Tata nunca ha expresado arrepentimiento por no haberse casado. De hecho, a menudo ha mencionado que, aunque esas relaciones no terminaron en matrimonio, siguen siendo partes importantes y significativas de su vida. Parece haber hecho las paces con las elecciones que la vida le presentó, y nunca ha sido alguien que deje que las **expectativas sociales** dicten su camino.

Invirtiendo en un legado diferente

En lugar de una **familia tradicional**, Tata canalizó su **lado afectuoso** en los **Fideicomisos Tata** y su **trabajo filantrópico**. La energía y el cuidado que podría haber invertido en una vida familiar personal, en cambio, alimentaron su compromiso con **causas sociales**, donde invirtió profundamente en **educación, salud, desarrollo rural**, y **innovación social**.

Es esta mezcla de **independencia personal** y profunda **responsabilidad social** lo que hace que **Ratan Tata** sea una figura tan intrigante. Caminó un camino que, aunque poco convencional según muchos estándares, se alineaba con sus valores de **deber, cuidado**, y **servicio desinteresado**. Al elegir no acomodarse en una estructura familiar tradicional, en su lugar **dedicó su vida al bien común**, dejando un legado que trasciende los logros personales.

En muchos sentidos, la elección de **Ratan Tata** de permanecer soltero solo ha añadido a la **mística** que lo rodea, reforzando su imagen como un hombre que, a pesar de las presiones sociales, se mantuvo fiel a su propio camino.

Un estilo de vida modesto

Ahora, si hay algo que sorprende a la gente sobre **Ratan Tata**, es su increíble **estilo de vida modesto**. Se esperaría que un hombre que ha supervisado **miles de millones en ingresos** se deleitara en las lujos que vienen con su estatus—quizás una mansión que se extiende por acres, o un jet privado siempre a la espera. Pero en verdadera **moda de Ratan Tata**, eligió un camino mucho más simple y centrado.

Tata vive en un **apartamento con vista al mar** en **Colaba, Mumbai**, lejos de los llamativos rascacielos que típicamente albergan a la élite del país. Su apartamento está en un **edificio de estilo antiguo**, casi modesto según los estándares de Mumbai, especialmente considerando que podría permitirse fácilmente una de esas **lujosas propiedades palaciegas**. Sin embargo, para Tata, nunca se trató de la **extravagancia**—se trata de estar **cómodo y conectado** a la vida que lo rodea.

Aterrizado y accesible

Su modestia no se limita a sus arreglos de vivienda. **Ratan Tata** siempre ha sido conocido por su **comportamiento accesible**. Mientras que muchos en su posición podrían permanecer tras puertas cerradas o mantener distancia de los empleados, Tata a menudo era visto **mezclándose con el personal**, desde trabajadores de fábrica hasta ejecutivos de alto nivel. Su estilo de liderazgo era uno de **inclusividad**—trataba a todos con **respeto**, sin importar su rango o papel. Esto le ganó no solo admiración, sino un profundo respeto personal entre las personas que trabajaban para él.

Y seamos claros: no hay **pompa** en Ratan Tata. No hay un séquito lujoso, ni una personalidad más grande que la vida—solo un hombre que cree en liderar con **humildad** y **empatía**. Es un gigante silencioso en el mundo de los negocios, valorando la conexión humana sobre la **ostentación**, lo que hace que su influencia sea aún más poderosa. Ya sea que se esté conduciendo en un auto modesto o eligiendo un **Tata Nano** sobre un modelo de lujo, las elecciones de Tata reflejan a un **hombre de sustancia**, no de espectáculo.

En un mundo donde los ricos y poderosos a menudo muestran su estatus, **el estilo de vida modesto de Ratan Tata** es un recordatorio refrescante de que la verdadera grandeza no necesita estar envuelta en oro—solo necesita ser **auténtica**.

Amor por los coches

Cuando se trata del **estilo de vida de Ratan Tata** que, de otro modo, es modesto, hay un área donde su pasión y emoción son imposibles de ocultar—su **amor por los coches**. A diferencia de la tranquila simplicidad que define gran parte de su vida, su colección de automóviles es donde Tata deja brillar a su entusiasta interior. Y seamos claros: no estamos hablando de un sedán familiar promedio aquí. La colección de Tata está llena de algunos **verdaderos tesoros** que harían latir el corazón de cualquier amante de los coches.

Una colección para envidiar y admirar

La colección personal de coches de Ratan Tata es una **mezcla de elegancia clásica** y **rendimiento de vanguardia**. Una de las piezas más **icónicas** de su colección es la **Ferrari California**. Sí, leíste bien—la elegante y roja belleza que epitomiza el lujo y rendimiento italianos. El amor de Tata por esta Ferrari en particular es bien conocido, y aunque puede parecer un coche llamativo para un hombre tan reservado, su enfoque al conducirlo es mucho más **discreto**. Podrías verlo paseando por las calles de **Mumbai** en la Ferrari, pero no esperes que reviente motores en los semáforos o haga entradas dramáticas. Para Tata, se trata de la **alegría de la máquina**, no de la atención que atrae.

Además de su Ferrari, Tata también posee un **Mercedes-Benz Clase S**—un clásico símbolo de lujo—y algunos **Land Rovers**, lo que tiene sentido considerando que Tata Motors ahora es dueño de **Jaguar Land Rover**. Su colección también incluye **Chrysler Sebrings**, y ha sido visto conduciendo un **Cadillac XLR**. Si bien cada coche es una **declaración en sí mismo**, la propiedad de Tata no se trata de presumir; se trata del **placer puro de conducir** y su aprecio por la **excelencia en ingeniería**.

Una influencia en Tata Motors

Su amor por los automóviles no se detuvo en su colección personal. Influyó profundamente en **Tata Motors**, el brazo automotriz del **Grupo Tata**. Tata desempeñó un papel crucial en la creación de algunos de los vehículos más **icónicos de la empresa**, incluyendo el **Tata Indi-**

ca—el primer automóvil de pasajeros diseñado y producido completamente en India. El Indica no fue solo otro coche; fue un símbolo de **ingenio indio** y **autosuficiencia** en la industria automotriz, y Ratan Tata fue fundamental para hacer realidad ese sueño.

Luego, por supuesto, está el **Tata Nano**. Apodado el "auto del pueblo", el **Nano** fue un proyecto ambicioso destinado a proporcionar **transporte asequible** a millones de indios que no podían permitirse un auto tradicional. Aunque el Nano no logró el éxito comercial generalizado que Tata esperaba, fue un testimonio de su **pensamiento visionario** y su deseo de democratizar la propiedad de automóviles en India.

Los Automóviles: Una Pasión de Toda la Vida

Para **Ratan Tata**, los automóviles son mucho más que simples máquinas para ir de un lugar a otro. Son **obras de arte**, maravillas de **ingeniería**, y símbolos de **libertad**. Su pasión por los automóviles va más allá de conducirlos; está profundamente interesado en el **diseño** y la **innovación** detrás de ellos, lo cual refleja su amor más amplio por la **innovación** en todos los aspectos de su vida. Ya sea un **Ferrari de lujo** o un **Tata Nano asequible**, la relación de Ratan Tata con los automóviles está arraigada en la **creatividad** y la **excelencia en ingeniería**.

De muchas maneras, **el amor de Ratan Tata por los automóviles** encapsula su enfoque de la vida: **sutil** pero lleno de **profundidad**, impulsado por una **pasión por la excelencia** en lugar de un deseo de atención.

Compañero Canino y Compasión

Si hay algo que realmente conquista al público en **Ratan Tata**, es su **amor por los perros**. Sus publicaciones en redes sociales a menudo lo muestran con sus leales **compañeros caninos**, que comparten su hogar en **Colaba**. Estas no son solo oportunidades fotográficas; el vínculo de Tata con sus perros refleja su profundo y genuino amor por los animales. Su residencia es más que un santuario para él; es un refugio seguro para sus **amigos de cuatro patas**, y a menudo aparecen de manera prominente en sus momentos de descanso.

Defensor del Bienestar Animal

Pero la compasión de Tata por los animales va mucho más allá de sus propias mascotas. Ha sido un defensor de toda la vida del **bienestar animal**, mostrando una debilidad especial por los **perros callejeros**. Durante su tiempo como presidente del **Taj Mahal Palace Hotel**, Tata se aseguró de que los perros callejeros que deambulaban por los terrenos del hotel no solo fueran tolerados, sino que también fueran **cuidadores**. Esto se hizo aún más evidente después de los **ataques de Mumbai en 2008**, cuando los perros callejeros del hotel fueron tratados con especial cuidado durante los esfuerzos de reconstrucción. Mientras gran parte del mundo se centraba en la restauración del hotel, Tata se aseguraba en silencio de que **todos los seres vivos**, tanto humanos como animales, fueran atendidos.

Un Reflejo de Su Amabilidad Amplia

La empatía de Ratan Tata hacia los animales es solo una ventana hacia su amabilidad más amplia y su **espíritu gentil**. Ya sea con personas o con mascotas, las acciones de Tata reflejan consistentemente su creencia fundamental en **respetar a todos los seres vivos**. No solo habla de amabilidad; la practica, ya sea ayudando a los desfavorecidos o asegurándose de que los **perros callejeros** tengan un lugar seguro al que llamar hogar.

En una era en la que el poder y la riqueza a menudo vienen con un desapego de lo cotidiano, **Ratan Tata** continúa demostrando que **la compasión** es la verdadera marca de grandeza, tratando a los más vulnerables, ya sean **humanos o animales**, con el cuidado y la dignidad que merecen.

Entusiasta de la Arquitectura

Y luego está su **amor por la arquitectura**. El interés de Ratan Tata en el diseño no se limita a los automóviles; estudió **arquitectura** en la Universidad de Cornell antes de cambiarse a ingeniería, pero la pasión por el diseño nunca lo abandonó. Su aguda visión para la belleza arquitectónica se puede ver en los proyectos de restauración que promovió, como el **Taj Mahal Palace Hotel** después de los ataques terroristas de 2008. Tata se aseguró de que el hotel fuera restaurado a su antigua gloria, preservando su patrimonio mientras se integraban características modernas de seguridad.

El interés de Tata en la arquitectura refleja su amor más amplio por el **diseño estético** y la **innovación**, cualidades que también han desempeñado un papel en dar forma a las iniciativas del Grupo Tata en construcción e infraestructura. Su profunda apreciación tanto por la forma como por la función se refleja en la forma en que aborda la vida, siempre buscando construir algo significativo, ya sea en los negocios o en su entorno personal.

Así que ahí lo tienes: Ratan Tata, un hombre de contradicciones y simplicidad. Un soltero por elección, pero alguien que ha nutrido a generaciones enteras. Un hombre con una inmensa riqueza, pero que vive modestamente. Y un entusiasta de los automóviles con un profundo amor por sus perros y una pasión por el diseño. Al final del día, la vida personal de Tata es un reflejo de los mismos valores que han guiado su trayectoria profesional: **humildad, compasión**, y una **búsqueda silenciosa de la excelencia.**

Premios y Honores: Reconociendo las Contribuciones Globales y Nacionales de Ratan Tata

A lo largo de su ilustre carrera, **Ratan Tata** ha sido reconocido con numerosos premios y honores, tanto en India como a nivel internacional. Sus contribuciones al **negocio, la filantropía y el liderazgo ético** le han valido algunos de los más altos honores civiles, así como amplios reconocimientos globales. Echemos un vistazo más de cerca a algunos de los reconocimientos más prestigiosos que se le han otorgado.

1. Los Más Altos Honores Civiles de India

La influencia de Ratan Tata en la **economía india** y sus esfuerzos pioneros en **responsabilidad social corporativa** le han ganado un amplio reconocimiento, incluidos los **más altos honores civiles** de India. Estos premios destacan no solo sus contribuciones al negocio, sino también su papel en **la construcción de la nación** a través de la filantropía, la innovación y el liderazgo ético.

Padma Bhushan (2000): Honrando Su Liderazgo

En **2000**, Ratan Tata fue galardonado con el **Padma Bhushan**, el **tercer más alto honor civil de India**, por el **Gobierno de India**. Este reconocimiento llegó como un reconocimiento a sus inmensas contribuciones al **comercio y la industria**, específicamente su liderazgo en guiar al **Grupo Tata** a través de un período de rápido crecimiento. Bajo la dirección de Tata, la empresa realizó adquisiciones clave, se expandió a nivel global y presentó productos que impulsaron **el crecimiento industrial de India**, como el **Tata Indica** y más tarde el **Tata Nano**. El Padma Bhushan cimentó el estatus de Tata como una fuerza impulsora detrás de **la transformación económica de India**.

Padma Vibhushan (2008): Un Ícono Nacional

Ocho años después, en **2008**, Ratan Tata fue galardonado con el **Padma Vibhushan**, el **segundo más alto honor civil** en India. Este premio reconoció no solo su continuo liderazgo en los negocios, sino también sus contribuciones a **la construcción de la nación** a través de su **filantropía, iniciativas educativas**, y compromiso con **la innovación**. El **Padma Vibhushan** en particular honró su **liderazgo ético** en tiempos difíciles, notablemente su manejo tranquilo y compasivo de los **ataques de Mumbai en 2008** y la reconstrucción del **Taj Mahal Palace Hotel**.

El compromiso de Tata con el uso de **los negocios como una fuerza para el bien**—a través de los **Tata Trusts** y otras iniciativas filantrópicas—ha consolidado aún más su estatus como un **tesoro nacional**. Su papel como un **líder confiable y compasivo** continúa inspirando a futuras generaciones de emprendedores y líderes empresariales indios.

Estos honores reflejan **el impacto duradero de Ratan Tata** no solo en la economía, sino en **la sociedad india en su conjunto**, marcándolo como una de las figuras más **celebradas** en la historia moderna del país.

2. Reconocimiento Global y Honores Internacionales

Las contribuciones de Ratan Tata han ido más allá de las fronteras de India, ganándole reconocimientos globales por su liderazgo, innovación y filantropía. Muchos de estos premios reconocen sus esfuerzos por fomentar **la presencia global de India** en industrias que van desde el acero y los automóviles hasta la TI y la consultoría.

Caballero Comandante Honorario de la Orden del Imperio Británico (KBE) (2009): El gobierno británico otorgó a Tata este título en reconocimiento a sus **servicios a las relaciones Reino Unido-India**. Su liderazgo en la reestructuración de **Jaguar Land Rover (JLR)** después de que Tata Motors adquirió la automotriz británica en 2008 fue visto como fundamental. El honor también reconoció sus contribuciones significativas a **la industria británica** y su compromiso con prácticas éticas en los negocios globales.

Comandante de la Legión de Honor (2016): Uno de los premios más prestigiosos de Francia, la **Legión de Honor**, fue presentado a Tata por sus contribuciones a fortalecer la **relación India-Francia**. Las actividades empresariales de Tata en Francia, combinadas con su compromiso más amplio de mejorar los lazos bilaterales, fueron factores clave en este reconocimiento.

Medalla Carnegie de Filantropía (2007): El papel de Ratan Tata como **filántropo** ha sido tan significativo como su liderazgo empresarial. Recibió la **Medalla Carnegie de Filantropía**, uno de los premios globales más prestigiosos por trabajo caritativo, por sus esfuerzos para mejorar **la educación, la atención médica** y el desarrollo rural en India a través de los **Tata Trusts**.

Líder Empresarial de Asia del Año (2004): Presentado por CNBC, este premio reconoció el impacto de Tata en el **panorama empresarial asiático**. Bajo su liderazgo, el Grupo Tata se expandió a nivel global, haciendo avances significativos en sectores como TI, acero y automóviles.

3. Contribuciones a la Educación y la Innovación

Ratan Tata también ha recibido títulos honorarios y reconocimientos de algunas de las principales instituciones académicas del mundo por sus contribuciones a **la innovación, la tecnología y la educación**.

Doctorados Honorarios: Tata ha recibido numerosos doctorados honorarios de universidades prestigiosas en todo el mundo, incluyendo la **Universidad de Cambridge**, **Ohio State University**, y los **Institutos Indios de Tecnología (IITs)**. Estos honores reflejan su influencia en **la educación empresarial**, sus contribuciones innovadoras a la industria, y sus esfuerzos por integrar **la sostenibilidad** en la estrategia corporativa.

Premio a la Trayectoria de la Fundación Rockefeller (2012): Reconocido por su **impacto global** en la filantropía y el desarrollo, Tata recibió el **Premio a la Trayectoria de la Fundación Rockefeller**. Su trabajo en impulsar **el crecimiento inclusivo**, particularmente a través de Tata Trusts, que gestiona una parte significativa de la riqueza de Tata Sons para fines benéficos, fue destacado como un ejemplo de cómo los negocios pueden ser una fuerza para el bien social.

4. Ícono de Negocios e Innovación

El estilo de liderazgo de Tata, fundamentado en **la integridad, la ética y un enfoque centrado en las personas**, lo ha convertido en un ícono en la comunidad empresarial global. Más allá de su papel inmediato en el Grupo Tata, ha sido reconocido por promover **prácticas comerciales responsables**, lo que lo convierte en un modelo a seguir para los líderes empresariales de todo el mundo.

Global Indian of the Year (2013): Ratan Tata fue galardonado con el **Global Indian of the Year de NDTV**, celebrando su influencia internacional como líder empresarial y filántropo que ha representado a India en el escenario mundial con dignidad e integridad.

Premio a la Trayectoria por Ernst & Young (2013): Reconociendo su destacada contribución a los negocios y la sociedad, Tata fue honrado con este premio por su **liderazgo innovador**, especialmente durante la expansión global del Grupo Tata y su compromiso con prácticas comerciales sostenibles y éticas.

5. Legado Duradero

Los premios y honores conferidos a Ratan Tata subrayan su profunda **influencia tanto en los negocios como en la sociedad**. Su legado no es solo el de construir empresas exitosas, sino el de asegurar que esas empresas actúen como **vehículos de cambio social**. Ya sea a través de Tata Trusts o por su insistencia en la **responsabilidad corporativa**, Tata ha redefinido lo que significa ser un líder empresarial en el siglo XXI.

El viaje de Ratan Tata, desde un líder humilde y de voz suave hasta un **ícono internacionalmente aclamado**, es un testimonio del poder perdurable de la **humildad, visión** y **responsabilidad social**. Estos premios son más que simples reconocimientos; son un testimonio de una vida vivida con propósito, siempre buscando elevar a los demás mientras empuja los límites de lo que los negocios pueden lograr por la sociedad.

Humildad en el Liderazgo: La Influencia Silenciosa de Ratan Tata en una Era de Líderes Corporativos Ostentosos

En una época en la que los líderes corporativos a menudo dominan los titulares con declaraciones audaces y exhibiciones públicas de poder, **Ratan Tata** se destaca por su notable **humildad**. Sus rasgos personales—**modestia, empatía e integridad**—no solo han moldeado su propio estilo de liderazgo, sino que también han influido en la forma en que toma decisiones para el **Grupo Tata**, el conglomerado más grande de India. El enfoque de Tata hacia el liderazgo se definió por **liderar con el ejemplo**, a menudo evitando la ostentación típica de los magnates corporativos en favor de una filosofía más **discreta y centrada en las personas**.

1. Liderar con Modestia

Uno de los aspectos más llamativos del liderazgo de Ratan Tata es su **humildad profundamente arraigada**, que ha influido tanto en su vida personal como profesional. A pesar de ser el jefe de uno de los grupos empresariales más grandes del mundo, Tata siempre ha mantenido una **presencia discreta** en los medios. No es del tipo que presume de sus logros o se entrega a exhibiciones públicas de riqueza o poder, lo que contrasta notablemente con los estilos ostentosos y a menudo extravagantes de muchos CEO globales. Su naturaleza **reacia a los medios** no es una estrategia de relaciones públicas deliberada; es simplemente quien es.

Su **modestia** también se refleja en su **toma de decisiones**. Por ejemplo, cuando Tata Motors estaba desarrollando el **Tata Nano**, no lo vio como una oportunidad para generar titulares sobre un gran logro tecnológico, sino como un esfuerzo humilde para proporcionar transporte asequible para la familia india común. Creía que el verdadero éxito residía en **mejorar vidas**, no en disfrutar de la gloria personal.

Esta humildad ha tenido un efecto dominó en todo el Grupo Tata, influyendo en su cultura general. Tanto los ejecutivos como los empleados entienden que **el ego** no tiene cabida en el liderazgo; en su lugar, se trata de servicio, innovación y creación de valor a largo plazo para la sociedad.

2. Empatía y Respeto por los Empleados

La humildad de Tata está estrechamente vinculada a su **genuina empatía** por los demás, especialmente por sus empleados. Incluso como presidente del Grupo Tata, era conocido por interactuar regularmente con empleados de todos los niveles, ya fueran ejecutivos de alto rango o personal que trabajaba en el suelo de la fábrica. Hizo un esfuerzo consciente por derribar las jerarquías que a menudo pueden existir dentro de grandes corporaciones, entendiendo que cada empleado, sin importar su rango, juega un papel crucial en el éxito de la empresa.

Por ejemplo, después de los **ataques terroristas de 2008** en el **Taj Mahal Palace Hotel**, que es propiedad del Grupo Tata, Tata visitó personalmente a las familias de los empleados que murieron, asegurándose de que recibieran **compensación**, **cuidado de salud**, y **educación** para sus hijos. Su liderazgo durante este tiempo no fue solo una lección en **gestión de crisis**, sino también una demostración de **liderazgo basado en la empatía**. Entendió que en momentos de tragedia, el papel de un líder no es solo reconstruir negocios, sino ayudar a reconstruir vidas.

3. Toma de Decisiones Basada en la Integridad

La humildad de Ratan Tata siempre ha estado ligada a su **fuerte brújula moral**. Ha demostrado consistentemente que **la integridad** y **la toma de decisiones éticas** deben estar por encima de las ganancias o el beneficio personal. Este rasgo se hizo especialmente evidente durante el lanzamiento del **Tata Nano**—mientras que otros podrían haber visto el proyecto como una oportunidad para demostrar superioridad tecnológica o generar grandes márgenes, Tata estaba más enfocado en el **impacto social** de crear un automóvil de bajo costo que pudiera mejorar la vida de millones.

Aún cuando las empresas Tata enfrentaban situaciones difíciles, como las **pérdidas en las operaciones europeas de Tata Steel** o las luchas financieras de **Jaguar Land Rover** en los primeros años de adquisición, Tata tomó decisiones con un enfoque en la **sostenibilidad a largo plazo** en lugar de las ganancias a corto plazo. Esta ética ha permeado en todo el Grupo Tata, influyendo en cómo aborda los desafíos en varios sectores.

De hecho, las propias palabras de Tata capturan mejor este sentimiento: **"No creo en tomar decisiones correctas. Tomo decisiones y luego las hago correctas."** Esta declaración refleja su humilde creencia en el aprendizaje continuo, la adaptación y la corrección de rumbo cuando sea necesario. Es una filosofía de liderazgo que valora **la resiliencia, la responsabilidad y el crecimiento** por encima de proyectar una imagen perfecta.

4. Liderar con el Ejemplo en un Mundo Corporativo Ostentoso

En una era en la que muchos líderes corporativos cultivan personas públicas llenas de bravura y autopromoción, la **naturaleza reservada** y el **estilo de liderazgo silencioso** de Tata han estado en marcado contraste. Mientras que otros CEO podrían buscar el protagonismo, Tata a menudo se ha mantenido alejado de la atención pública. Evita los grandes anuncios públicos y se abstiene de los tipos de comportamientos ostentosos que a menudo llaman la atención sobre las figuras empresariales globales.

En cambio, Tata lidera a través de sus acciones. Su humildad lo ha convertido en una **figura de confianza** tanto dentro del Grupo Tata como en la comunidad empresarial en general. Su compromiso con la **responsabilidad social corporativa** y el liderazgo ético lo ha posicionado como un modelo a seguir para futuros líderes empresariales que buscan construir empresas basadas en la integridad y el bien social, en lugar de simplemente perseguir ganancias o aprobación pública.

5. La Humildad como un Activo de Liderazgo

Si bien algunos podrían confundir la humildad con debilidad en el mundo de negocios de alto poder, Ratan Tata ha demostrado que es, de hecho, uno de los **activos de liderazgo más poderosos**. Su **comportamiento autocrítico** le permite tomar decisiones que son las mejores para la empresa y sus partes interesadas, sin verse nublado por el ego. Está abierto a escuchar, aprender y admitir cuando se equivoca—una cualidad rara en líderes empresariales de su nivel.

Anécdotas Personales: El Lado Humano de Ratan Tata

Detrás de los logros colosales y los prestigiosos premios, **Ratan Tata** siempre ha sido una figura de **humildad** y **carisma discreto**. Su vida está llena de pequeños momentos reveladores que ofrecen vislumbres de su carácter—historias que muestran cómo sus acciones reflejan consistentemente su **liderazgo modesto, solidario** y **ético**. Estas anécdotas no son solo sobre decisiones empresariales, sino sobre la **compasión y humanidad** que lo definen como persona.

1. Los Perros Callejeros de Bombay House

Una de las anécdotas más conocidas sobre la compasión de Tata está relacionada con su **amor por los animales**, particularmente por los perros callejeros. **Bombay House**, la sede global del Grupo Tata, ha sido durante mucho tiempo el hogar de perros callejeros que buscan refugio allí, especialmente durante la temporada de monzones. Cuando Ratan Tata se enteró de que a veces se les negaba la entrada, no desestimó el asunto. En cambio, organizó la construcción de **perreras** dentro de Bombay House, asegurándose de que los perros tuvieran un lugar donde quedarse. El edificio incluso cuenta con un área designada para alimentar a los perros y un cuidador.

Este acto de bondad es una pequeña pero significativa ilustración de la naturaleza empática de Tata, y refleja su amor de toda la vida por **los animales**—un rasgo que muchos admiran de él.

2. Visitando a las Víctimas de los Ataques de Mumbai de 2008

Después de los **ataques terroristas de Mumbai de 2008**, que incluyeron trágicamente el **Taj Mahal Palace Hotel**, Ratan Tata mostró una inmensa empatía personal y liderazgo. No solo se aseguró de que el hotel fuera reconstruido, sino que asumió la responsabilidad personal por el bienestar de las víctimas y sus familias. Tata visitó personalmente a las familias de los empleados del hotel que habían muerto o resultaron heridos en el ataque, ofreciéndoles consuelo y apoyo financiero.

En una historia ya famosa, Tata se enteró de que los trabajadores temporales del hotel, que habían estado ayudando durante la temporada turística ocupada, no tenían derecho a beneficios. A pesar de su estatus temporal, Tata se aseguró de que estos trabajadores y sus familias recibieran compensación y atención médica, tratándolos con el mismo cuidado que a los empleados permanentes. Su **empatía y profundo sentido del deber** iban más allá de las obligaciones legales y demostraron su genuina compasión por las personas, particularmente en tiempos de crisis.

3. Haciendo Cola de Manera Anónima por un Billete de Aerolínea

Esta anécdota, aunque aparentemente pequeña, captura maravillosamente la **naturaleza modesta** de Tata. En una ocasión, Ratan Tata fue visto esperando en silencio en la **aeropuerto de Mumbai**, esperando comprar un billete de avión como cualquier otro pasajero. No hizo ningún esfuerzo por usar su estatus o influencia para saltarse la cola o recibir un trato preferencial. Cuando alguien lo reconoció e insistió en que se moviera al frente, Tata se negó cortésmente y continuó esperando su turno.

Este es un ejemplo clásico de cuán **terrenal** se mantiene Tata a pesar de su posición de riqueza y poder. Para un hombre que podría fácilmente viajar en jet privado o usar su influencia para eludir cualquier cola, la modestia de Tata es tanto **refrescante como inspiradora**.

4. Rechazando Regalos Lujosos

Otro momento revelador ocurrió cuando una conocida compañía de autos de lujo quiso regalarle a Tata uno de sus modelos más destacados. Mientras que muchos líderes lo habrían aceptado sin pensarlo dos veces, Tata se negó. No quería aceptar regalos que pudieran ser percibidos como un intento de ganarse favores. Su postura ética siempre fue clara: **la ética empresarial y personal** no debe ser comprometida, sin importar la tentación.

5. Su Vida Simple, a Pesar de su Inmensa Riqueza

Aunque Tata podría haber elegido una vida de opulencia, lleva una **vida increíblemente simple** para un hombre de su estatura. Vive en un apartamento relativamente modesto en **Colaba**, Mumbai, y evita las trampas del lujo que muchos líderes empresariales abrazan. Su **modestia y frugalidad** se extienden a sus hábitos personales—no busca atención ni se entrega a exhibiciones ostentosas de riqueza. Para Tata, siempre ha sido sobre **la sustancia sobre el estilo**, un reflejo de su creencia de que **el éxito** debe medirse por cuánto bien haces, no por cuánto posees.

Estas historias personales revelan a un hombre que lidera con el ejemplo, encarnando las cualidades de **humildad**, **empatía**, y **principio**. El liderazgo de Ratan Tata siempre ha estado guiado por un sentido del deber hacia los demás, ya sean las personas que dirige, la comunidad a la que sirve o incluso los perros callejeros que acoge. En una época donde los líderes a menudo buscan el reconocimiento, la mayor fortaleza de Tata radica en su **dignidad silenciosa**, demostrando que a veces la influencia más poderosa proviene de aquellos que no buscan ningún tipo de atención.

Capítulo Extra: Perspectivas Más Allá de los Titulares – Facetas Menos Conocidas de la Vida y Liderazgo de Ratan Tata

Proyectos Inacabados y Oportunidades Perdidas: Los Sueños Visionarios Pero No Realizados de Ratan Tata

A pesar de que **Ratan Tata** es ampliamente celebrado por sus notables logros y su liderazgo transformador, algunas de sus **grandes visiones** no se realizaron por completo. Ya sea por el momento, desafíos externos o cambios en las prioridades empresariales, hubo proyectos que Tata inició o imaginó que nunca alcanzaron su pleno potencial. Estos incluyen áreas como **energía renovable**, **inteligencia artificial**, y **salud**, donde Tata vio oportunidades para el futuro pero enfrentó importantes **obstáculos** que impidieron su plena realización.

1. Energía Renovable: Planes Ambiciosos, Potencial No Alcanzado

Ratan Tata fue un **defensor temprano** de la energía renovable y vio su inmenso potencial tanto para los negocios como para la sostenibilidad ambiental. Bajo su liderazgo, **Tata Power** logró importantes avances en el sector de la energía renovable, enfocándose en **energía solar y eólica**. Para el momento de su jubilación en 2012, Tata Power ya era uno de los mayores actores en energía renovable en India, con proyectos destacados como **Tata Power Solar**.

Oportunidad Perdida

Sin embargo, la **visión de Tata para la energía renovable** iba más allá de los parques solares y eólicos; él imaginó **expandir el papel de Tata a nivel global** y ser pionero en innovaciones en almacenamiento de energía y tecnología verde. Pero algunos factores impidieron que esta visión se materializara completamente:

Desafíos Regulatorios: El complejo entorno regulatorio de India, con políticas inconsistentes respecto a la energía renovable, a menudo planteaba obstáculos. El alto costo inicial de los proyectos de energía renovable y los retrasos en la obtención de aprobaciones gubernamentales ralentizaron los planes de expansión de Tata.

Competencia Global: Los competidores internacionales, particularmente de China, comenzaron a dominar el mercado global de energía renovable, haciendo más difícil que Tata Power escalara sus operaciones tan rápido como Ratan Tata había esperado.

A pesar de estos desafíos, Tata Power continúa creciendo en energía renovable, pero la escala y el alcance global que Tata había imaginado originalmente siguen siendo **negocios inacabados**.

2. Inteligencia Artificial (IA): Salto Perdido hacia el Futuro

Como un líder visionario, Tata reconoció la importancia de la **inteligencia artificial (IA)** y las tecnologías emergentes mucho antes de que se convirtieran en palabras de moda en el mundo corporativo. Habló frecuentemente sobre la necesidad de que las empresas indias **adoptaran la IA** y otras tecnologías disruptivas para seguir siendo competitivas en el mercado global. **Tata Consultancy Services (TCS)** había comenzado a experimentar con soluciones de IA, pero los esfuerzos no se llevaron a cabo con la agresividad que podrían haber tenido.

Obstáculos

Transición de Liderazgo: Para cuando la IA comenzó a ganar impulso a nivel global, Ratan Tata ya se había retirado de las operaciones diarias. La transición de liderazgo en Tata Sons, particularmente la turbulencia tras el **despido de Cyrus Mistry**, puede haber desviado el enfoque del grupo de las inversiones agresivas en IA.

Falta de Inversión Focalizada: Mientras TCS y otras empresas de Tata coqueteaban con la IA, carecían del **impulso concertado** que se observó en otras empresas tecnológicas globales. La visión de Ratan Tata para un futuro impulsado por la IA era ambiciosa, pero sin un fuerte respaldo o liderazgo post-jubilación dedicado a esta área, el Grupo Tata no emergió como líder en IA como lo hicieron empresas como **Google** o **IBM**.

3. Salud: Ideas Audaces Obstaculizadas por Complejidades

El interés de Tata en el **sector salud** era tanto personal como profesional. Como cabeza de **Tata Trusts**, dirigió recursos significativos hacia **iniciativas de salud pública**, particularmente en áreas rurales. Imaginó **soluciones de salud asequibles** para millones de indios, enfocándose en mejorar la atención del cáncer y otros servicios de salud críticos.

Tata también vio potencial para la entrada del grupo en **tecnología de la salud** y **dispositivos médicos asequibles**, un área que podría combinar sus pasiones por la **innovación** y la **filantropía**.

Desafíos

Complejidades Financieras y Regulatorias: Entrar en el sector salud implicaba riesgos **financieros significativos**. A diferencia de las empresas más consolidadas de Tata como el acero o los automóviles, la salud requiere grandes inversiones en **I+D** y superar estrictas barreras regulatorias. El complejo sistema de salud indio, combinado con la competencia global, dificultó la implementación completa de la visión de Tata.

Priorizando Otros Proyectos: El liderazgo en Tata Sons, particularmente en los años posteriores a la jubilación de Tata, priorizó otros sectores como **TI**, **automóviles**, y **bienes de consumo** por encima de la salud. Este cambio de enfoque resultó en que algunos de los proyectos de salud más grandes se vieran relegados, a pesar del interés temprano de Tata.

4. El Tata Nano: Una Gran Idea que Quedó Corta

El **Tata Nano**, a menudo llamado el "auto del pueblo," fue uno de los **proyectos más ambiciosos** de Ratan Tata. Su objetivo era crear el auto más asequible del mundo, haciendo que la propiedad de un automóvil fuera accesible para millones de familias indias de bajos ingresos. Aunque la **visión era revolucionaria**, el Nano nunca cumplió con las expectativas.

Obstáculos

Problemas de Marca: A pesar de la noble intención detrás del Nano, se percibía como un **"auto barato"** en lugar de uno asequible. Los consumidores indios de clase media, que tenían aspiraciones crecientes, no querían asociarse con un producto visto como "básico" o "económico."

Preocupaciones de Seguridad: Hubo informes de autos Nano incendiándose en las primeras etapas, lo que generó **preocupaciones sobre la seguridad**. Aunque Tata Motors abordó los problemas, el daño a la reputación del Nano ya estaba hecho.

Desafíos de Marketing: El Nano tuvo dificultades para encontrar el ajuste adecuado en el mercado. A pesar de su bajo precio, no pudo posicionarse efectivamente entre las motocicletas y los autos de entrada en India. En retrospectiva, el propio Tata ha reconocido que el fracaso del Nano fue una de las **mayores decepciones** de su carrera.

Diplomacia Global y Poder Blando: Ratan Tata como el Embajador Informal de India

Ratan Tata, con su **diplomacia silenciosa y carisma sutil**, ha jugado un papel significativo en la formación de **la reputación global de India**. Aunque no es un diplomático oficial, el liderazgo de Tata en la transformación del **Grupo Tata** en una potencia global lo ha posicionado como un **embajador informal de India**. A través de relaciones empresariales internacionales estratégicas, su liderazgo ético y su influencia en diversas industrias, Ratan Tata ha fortalecido la posición de India en el escenario global, ejemplificando el **poder blando** del país en los ámbitos de los negocios y la diplomacia.

1. Expandiendo la Huella Global de India

Una de las formas más visibles en que Tata ha moldeado la presencia global de India es a través de la **expansión del Grupo Tata** en **mercados internacionales**. Bajo su liderazgo, el grupo evolucionó de una operación mayormente india a un conglomerado multinacional con operaciones en más de **100 países**. Algunas de las **adquisiciones clave** que elevaron significativamente el perfil de India en el escenario global incluyen:

Tetley Tea (2000): La adquisición de **Tetley Tea** por Tata Tea (ahora **Tata Consumer Products**) fue un hito. Fue la primera gran adquisición internacional por parte de una empresa india, convirtiendo a Tata en un nombre global en la **industria del té** y mostrando la creciente ambición y capacidad de las empresas indias para competir a nivel mundial.

Corus Steel (2007): La adquisición de **Corus** por Tata Steel por 12 mil millones de dólares fue uno de los mayores acuerdos internacionales de una empresa india en ese momento. Este movimiento señaló el creciente poder de India en los sectores industrial y manufacturero, y posicionó a Tata Steel como un líder global. La adquisición colocó a Ratan Tata a la vanguardia de la **diplomacia empresarial internacional**, mientras navegaba por las complejidades de las fusiones transfronterizas manteniendo **los estándares éticos de Tata**.

Jaguar Land Rover (2008): Cuando Tata Motors adquirió las icónicas marcas británicas **Jaguar Land Rover (JLR)** de Ford en 2008 por 2.3 mil millones de dólares, muchos estaban escrutando a una empresa india tomando el control de dos fabricantes de autos de lujo. Sin embargo, el liderazgo de Ratan Tata transformó a JLR, ganando respeto y admiración global. Esta adquisición reforzó la posición de Tata como un **líder empresarial global** y ayudó a fortalecer la relación económica entre India y el Reino Unido, destacando **la creciente influencia de India** en los mercados globales.

2. Liderazgo Ético e Influencia Empresarial Global

Ratan Tata es ampliamente reconocido no solo por su agudeza empresarial, sino por su **enfoque ético** hacia el liderazgo. Su énfasis en **la integridad, la equidad y la visión a largo plazo** le ha ganado un inmenso respeto en los mercados internacionales, contribuyendo al **poder blando de India.** La **reputación de Tata por la ética empresarial** ayudó a redefinir la imagen de las empresas indias, especialmente en un momento en que India estaba emergiendo como un jugador económico global.

Títulos Honorarios y Premios: La influencia de Tata en las relaciones internacionales ha sido reconocida a través de varios honores globales. En 2009, se le otorgó el título de **Caballero Comandante Honorario de la Orden del Imperio Británico (KBE)** por sus servicios a las relaciones entre el Reino Unido y la India, particularmente tras la exitosa adquisición de JLR. Sus **esfuerzos de filantropía global** han sido reconocidos por varias organizaciones, elevando aún más su imagen y la de India en el extranjero.

Diplomacia Global a través de la RSE: A través de **Tata Trusts** y el compromiso del Grupo Tata con la **responsabilidad social corporativa (RSE)**, Ratan Tata promovió un modelo empresarial que enfatiza el **bien social** junto con las ganancias. Este énfasis en la responsabilidad ética y la filantropía resonó con empresas y gobiernos globales, mejorando la reputación de India como una nación que valora la **gobernanza corporativa** y el **desarrollo humano.**

3. Construyendo Puentes con Líderes Mundiales

La **diplomacia discreta** de Ratan Tata se extendió más allá de los acuerdos corporativos. Sus relaciones personales con líderes globales y su participación en foros internacionales ayudaron a posicionar a India como un jugador clave en la diplomacia global. Tata ha sido a menudo consultado por gobiernos indios e internacionales por sus perspectivas sobre tendencias empresariales globales, comercio y **desarrollo económico.**

Relaciones India-EE.UU.: Tata ha sido fundamental en el fortalecimiento de **las relaciones económicas India-EE.UU.**. Sus relaciones con líderes empresariales y políticos estadounidenses han ayudado a fomentar una mayor colaboración entre los dos países. Tata Consultancy Services (TCS), una de las principales empresas de servicios de TI de India, desempeñó un papel significativo en la construcción de **la imagen de India como un centro tecnológico** en Estados Unidos, y las inversiones de Tata en EE.UU. reforzaron aún más esta conexión.

Foros Diplomáticos y Empresariales: Ratan Tata ha representado regularmente a India en importantes **foros empresariales internacionales** como el **Foro Económico Mundial (WEF)** en Davos. Su participación en estos foros trajo la perspectiva de India a la mesa y destacó el potencial económico del país en el **mercado global**.

4. La Marca Tata como el Poder Blando de India

La **marca Tata** en sí misma se ha convertido en un símbolo del **poder blando de India** bajo el liderazgo de Ratan Tata. Los valores de la empresa de **confianza, negocio ético y sostenibilidad** son vistos como un reflejo de la cultura empresarial india, ayudando a elevar la imagen de India en el escenario global. Las empresas Tata han priorizado la creación de empleos, la mejora de la infraestructura y **devolver a las comunidades locales** dondequiera que operen, desde el Reino Unido hasta África y el sudeste asiático.

A través de la **marca Tata**, Ratan Tata ayudó a mostrar al mundo que las empresas indias podían prosperar globalmente mientras se mantenían **socialmente responsables** y **éticamente fundamentadas**. Esta combinación de influencia económica y liderazgo moral ha posicionado a Tata como una figura destacada en **el conjunto de herramientas diplomáticas de India**, mejorando la reputación global del país sin ningún papel gubernamental oficial.

Mentoría y Formación de Futuros Líderes: El Arquitecto Silencioso del Éxito

Si bien **Ratan Tata** es conocido por sus logros empresariales globales y sus esfuerzos filantrópicos, uno de sus legados menos conocidos pero igualmente significativos es su papel como **mentor** para la próxima generación de líderes empresariales. Su influencia va más allá de las decisiones corporativas; está arraigada en **la orientación tras bambalinas**, relaciones personales y fomento del liderazgo tanto dentro del **Grupo Tata** como más allá. Esta mentoría ha dejado un **impacto duradero** no solo en las personas que ha guiado, sino también en el panorama empresarial más amplio en India y en el mundo.

1. Fomento del Talento dentro del Grupo Tata: Liderando con el Ejemplo

Una de las mayores fortalezas de Tata es su capacidad para **identificar y nutrir talento** dentro de la organización. Se centró en crear una **cultura de mentoría** dentro del **Grupo Tata**, asegurando que la próxima generación de líderes pudiera mantener los mismos valores de **integridad, humildad y visión a largo plazo** que definieron su liderazgo.

Natarajan Chandrasekaran: Un ejemplo destacado es **N. Chandrasekaran**, el actual presidente de **Tata Sons**. Conocido por transformar **Tata Consultancy Services (TCS)** en una potencia global de TI, Chandrasekaran fue personalmente mentorizado por Ratan Tata durante sus años de liderazgo en TCS. La mentoría de Tata se extendió más allá de las estrategias empresariales; guió a Chandrasekaran sobre la importancia del **liderazgo ético** y de la **sostenibilidad a largo plazo**, lecciones que Chandrasekaran ha llevado adelante en su rol como líder del Grupo Tata.

Cyrus Mistry: Aunque la relación entre Tata y **Cyrus Mistry** terminó de manera controvertida, Tata jugó un papel clave en **formar a Mistry** para el liderazgo. Cuando Mistry fue nombrado presidente de Tata Sons en 2012, se le consideraba un heredero del legado de Tata.

Si bien sus estilos de liderazgo eventualmente chocaron, la mentoría de Tata en los primeros años ayudó a Mistry a obtener una comprensión profunda de los **principios del Grupo Tata** y de sus responsabilidades sociales más amplias.

2. Empoderando Líderes Fuera del Imperio Tata

La influencia de Ratan Tata no se detuvo en los confines del Grupo Tata. Su mentoría silenciosa pero impactante se extendió a **startups indias** y **emprendedores**, muchos de los cuales reconocen a Tata por ayudarles a navegar el a menudo turbulento mundo de los negocios.

Ola: Tata invirtió personalmente en **Ola**, una de las plataformas de transporte más grandes de India, y mentorizó a su cofundador, **Bhavish Aggarwal**. No fue solo un inversionista; Tata ofreció **orientación sobre cómo gestionar el crecimiento** mientras se mantenían fieles a los valores fundamentales. Aggarwal ha hablado a menudo sobre cómo el consejo de Tata sobre **equilibrar la expansión rápida con la satisfacción del cliente** jugó un papel crucial en la formación del enfoque empresarial de Ola.

Paytm: Tata también desempeñó un papel discreto en la mentoría de **Vijay Shekhar Sharma**, el fundador de **Paytm**, una de las empresas fintech más grandes de India. Sharma atribuye a Tata la enseñanza de la importancia de **la ética empresarial** y el pensamiento a largo plazo, valores que han sido centrales para el crecimiento de Paytm en un mercado altamente competitivo. La participación de Tata dio un impulso de credibilidad a la empresa, y su **orientación reflexiva** ayudó a guiar a Sharma a través de desafíos, especialmente en la navegación de complejidades regulatorias y financieras.

3. Un Enfoque en el Liderazgo Ético

La mentoría de Tata no se trataba solo de **estrategia empresarial**—estaba profundamente arraigada en **ética** y **integridad**. Ya fuera mentorizando a líderes dentro de Tata o fuera de ella, su mensaje constante era sobre la importancia de liderar con **humildad** y **compasión**. Enseñó a los futuros líderes a mirar más allá de las ganancias y considerar sus **responsabilidades sociales**.

Anand Mahindra, presidente del **Mahindra Group**, ha expresado públicamente su admiración por el liderazgo ético de Tata. Tata fue un modelo a seguir para Mahindra, influyendo en su propio enfoque de liderazgo, especialmente en lo que respecta a **la responsabilidad social corporativa**. La capacidad de Tata para liderar sin buscar el protagonismo, enfocándose en **hacer el bien mientras se hace bien**, se convirtió en un modelo para el propio viaje de Mahindra.

Jóvenes Emprendedores: En los últimos años, Tata ha mentorizado discretamente a **startups** y **empresas sociales** a través de sus inversiones personales y consejos. Aunque no siempre está en el ojo público, Tata ofrece **apoyo personal** y asesoramiento a emprendedores que buscan hacer un **impacto social** a través de los negocios. Su papel es más parecido al de un **sabio anciano**, brindando sabiduría y perspectivas a largo plazo sin dictar decisiones.

4. Forjando un Legado a Través de las Futuras Generaciones

Más allá de individuos específicos, el impacto más amplio de Tata en el liderazgo en India se puede ver en cómo su **estilo de mentoría** ha influido en la **cultura empresarial** en India. Su creencia en **el liderazgo compasivo**, **la toma de decisiones éticas**, y **la responsabilidad social** ha permeado a través de generaciones de líderes que buscan emular su enfoque. Ya sea a través de su influencia silenciosa en el ecosistema de startups de India o su liderazgo visible en el Grupo Tata, Ratan Tata ha creado una cultura donde se espera que los líderes sirvan con **dignidad, humildad**, y un compromiso con **el bien común**.

Filosofía Personal sobre Innovación y Toma de Riesgos: El Enfoque de Ratan Tata

Ratan Tata es a menudo celebrado por sus **decisiones audaces** y **la toma de riesgos calculados** en materia de innovación e inversiones. Su enfoque empresarial siempre ha estado guiado por una visión de **romper barreras**, ya sea a través de adquisiciones globales como **Jaguar Land Rover** o la creación de un automóvil de bajo costo, el **Tata Nano**. Mientras que algunas iniciativas florecieron y se convirtieron en estudios de caso de innovación exitosa, otras, como el Nano, fracasaron debido a **dinámicas del mercado** y **errores de marca**. Sin embargo, la filosofía general de Tata sobre innovación y toma de riesgos sigue siendo un fascinante plano para entender su **proceso de toma de decisiones**.

1. El Equilibrio Entre Innovación e Impacto Social

El enfoque de Ratan Tata hacia la innovación siempre ha estado profundamente vinculado al **impacto social**. Él cree que la innovación no solo debe impulsar el éxito empresarial, sino también servir a un **propósito mayor**. Esta filosofía es evidente en varias de las decisiones de Tata, especialmente con el desarrollo del **Tata Nano**.

El Tata Nano: Tata imaginó el Nano como una **innovación revolucionaria**—un automóvil que haría que la propiedad fuera accesible para millones de familias indias que antes dependían de scooters o motocicletas. Su deseo de crear un **"automóvil para el pueblo"** fue impulsado por su creencia en **el crecimiento inclusivo**, donde la innovación podría elevar la calidad de vida de una gran parte de la población.

A pesar de las nobles intenciones, el proyecto Nano no alcanzó las alturas que Tata había esperado. La incapacidad del automóvil para resonar con la **clase media aspiracional** en India fue una de sus principales limitaciones. Si bien fue diseñado para ser asequible, se convirtió inadvertidamente en un producto etiquetado como un **"automóvil barato"**, lo que perjudicó su atractivo. El **posicionamiento en el mercado** no se alineó con el segmento en ascenso que no quería asociarse con un producto visto como básico o de bajo estatus.

Lección en Toma de Riesgos: El Nano es un ejemplo primordial de cómo Tata abrazó **el riesgo en la innovación** con una visión a largo plazo, pero su fracaso también destaca cómo la **percepción del mercado** y **la marca** pueden determinar el éxito. Tata ha hablado a menudo sobre el Nano como una de sus mayores decepciones, pero subraya su **disposición a asumir riesgos audaces** por causas en las que creía, incluso si los resultados no siempre se alinearon con las expectativas.

2. Adquisiciones Globales: Riesgo Estratégico y Pensamiento a Largo Plazo

Otro aspecto clave de la filosofía de innovación y toma de riesgos de Tata es su **visión a largo plazo**. Siempre ha estado más interesado en **el crecimiento sostenible** que en las ganancias a corto plazo, lo cual se refleja en algunas de las decisiones más audaces del Grupo Tata en el escenario global.

Jaguar Land Rover (2008): Una de las empresas más exitosas de Ratan Tata fue la adquisición de **Jaguar Land Rover (JLR)**. En ese momento, muchos expertos de la industria estaban escrutando la idea de que una empresa india tomara el control de dos marcas británicas icónicas, ambas **en problemas financieros**. Sin embargo, Tata creyó en el **valor intrínseco** de JLR y estaba dispuesto a invertir en su **recuperación**.

La decisión de Tata de **mantener la gestión existente** de JLR y permitir que las marcas mantuvieran su identidad, mientras inyectaba capital y libertad operativa, resultó ser una **jugada maestra**. En pocos años, JLR volvió a ser rentable, convirtiéndose en uno de los activos más valiosos de Tata Motors. Este éxito demostró la creencia de Tata en asumir **riesgos calculados** con un **enfoque a largo plazo**, confiando en que **un buen liderazgo** y la inversión podrían revertir empresas en dificultades.

Corus Steel (2007): De manera similar, la adquisición de **Corus Steel**, un gigante europeo del acero, fue otro movimiento ambicioso que reflejó las **ambiciones globales** de Tata. Sin embargo, a diferencia de JLR, el acuerdo de Corus enfrentó desafíos significativos debido a la recesión global en la industria del acero. A pesar de estos contratiempos, Tata no se lamentó de la adquisición. Vio **valor en la visión a largo plazo**, incluso cuando el sector del acero enfrentaba dificultades, porque expandió la **huella global** de Tata Steel.

Los resultados contrastantes de JLR y Corus muestran la **disposición de Tata a asumir riesgos** y **navegar desafíos**. Sus decisiones nunca se trataban solo de beneficios inmediatos; a menudo eran **visionarias**, centradas en **establecer a Tata como un líder global** en industrias clave.

3. El Elemento Humano en la Toma de Decisiones

Otra característica distintiva de la filosofía de innovación y toma de riesgos de Tata es su profunda **empatía por las personas**. Ya sean empleados, consumidores o la sociedad en general, Tata siempre ha considerado el **elemento humano** en sus decisiones, lo que ha influido en cómo evalúa el **riesgo**.

Liderazgo con Compasión: Cuando Tata Motors adquirió JLR, Ratan Tata dejó claro que **no se perdería ningún empleo** como resultado de la adquisición. Esta decisión reflejó su creencia de que las empresas deben actuar de manera responsable hacia sus empleados, incluso en tiempos de cambio. Este **liderazgo compasivo** ayudó a Tata a construir **confianza** en los mercados globales y dentro de su fuerza laboral.

Liderazgo Ético e Innovación: Tata siempre ha mantenido que **la innovación debe ser ética**. Sus decisiones de inversión a menudo estaban arraigadas en el deseo de **mejorar la sociedad**, ya fuera a través de productos como el Tata Nano o mediante sus inversiones en **energía sostenible** y **salud**. Su enfoque ético hacia la toma de riesgos aseguró que la innovación no se tratara solo de **éxito financiero**, sino también de **dejar un impacto positivo**.

4. Aprender de los Fracasos y Adaptabilidad

Uno de los rasgos más definitorios de la filosofía de Tata es su **apertura al fracaso** y su capacidad para **adaptarse**. Nunca rehuyó de **decisiones arriesgadas**, pero cuando las cosas no salieron como se esperaba, tomó esos momentos como **experiencias de aprendizaje**.

El Legado del Tata Nano: Aunque el Nano no tuvo éxito comercial, sí provocó una conversación sobre **transporte asequible**. Tata reconoció los desafíos, especialmente en torno a **la percepción del consumidor** y **los errores de marketing**, y utilizó esta experiencia para ajustar proyectos futuros. Esta capacidad de **reflexionar sobre fracasos** y **cambiar de dirección** ha sido central en su enfoque.

Desafíos con el Legado Familiar: Ratan Tata y las Complejidades de Mantener una Dinastía

Gestionar un conglomerado global como el Grupo Tata conlleva enormes presiones, pero hacerlo en el contexto de un legado familiar añade capas de complejidad. Para Ratan Tata, avanzar con la visión de Jamsetji Tata—el fundador del imperio Tata—significó equilibrar los objetivos comerciales de la empresa con los valores que habían sido fundamentales para el nombre Tata durante generaciones. Sin embargo, el peso de este legado también trajo consigo desafíos internos, como se vio en el episodio de Cyrus Mistry, junto con las presiones para preservar la unidad familiar y mantener los altos estándares que definen el nombre Tata.

1. Manteniendo el Legado Familiar: Una Gran Responsabilidad

Cuando Ratan Tata asumió el cargo de presidente en 1991, heredó no solo un vasto imperio empresarial, sino también la enorme responsabilidad de mantener los estándares éticos del Grupo Tata, las iniciativas enfocadas en la comunidad y la reputación global. El Grupo Tata había estado, desde su inicio, guiado por un fuerte ethos de integridad, responsabilidad corporativa, y construcción de la nación. Jamsetji Tata había sentado las bases, y J.R.D. Tata lo había llevado aún más lejos. Para Ratan Tata, el desafío no solo consistía en hacer crecer el negocio, sino también en asegurar que estos valores fundamentales fueran preservados y transmitidos.

2. Conflicto Interno: El Conflicto de Cyrus Mistry

Uno de los capítulos más públicos y difíciles en el liderazgo de Tata llegó mucho después de su jubilación, cuando Cyrus Mistry—quien sucedió a Tata como presidente en 2012—fue abruptamente removido de su cargo en 2016. Este evento desató una amarga batalla legal pública, revelando grietas en el liderazgo del Grupo Tata y en sus estructuras de gobernanza interna.

Nombramiento y Remoción de Mistry

El nombramiento de Mistry como presidente fue originalmente apoyado por Ratan Tata, marcando la primera vez en 150 años que se elegía a un miembro no familiar de Tata para dirigir Tata Sons, la compañía matriz del grupo. Sin embargo, la relación se deterioró, y en octubre de 2016, la junta de Tata Sons removió a Mistry de su cargo.

Esta decisión repentina desencadenó una caída muy pública, con Mistry alegando que su remoción fue injustificada y que el equipo de liderazgo de Tata había estado involucrado en una gobernanza opresiva. El equipo legal de Mistry argumentó que su remoción fue abrupta y que la interferencia de Tata en las decisiones de la junta había sido excesiva. La batalla legal se extendió al Tribunal Nacional de Derecho Empresarial de India (NCLT), planteando preguntas sobre la estructura de gobernanza en Tata Sons, donde los Fideicomisos Tata—que Ratan Tata aún dirigía—jugaban un papel clave.

Conflicto Entre Tradición y Modernización

En el corazón del conflicto había un choque de visiones. Mistry había comenzado a modernizar partes del imperio Tata, reestructurando negocios y reduciendo pérdidas en algunas empresas de bajo rendimiento como Tata Steel Europe. Sin embargo, su estilo fue percibido por algunos en la familia Tata y en el liderazgo como demasiado agresivo y no completamente alineado con el ethos de Tata de crecimiento socialmente responsable a largo plazo.

Para Ratan Tata, quien había pasado décadas construyendo una reputación global por prácticas comerciales éticas, el enfoque de Mistry pudo haber parecido en desacuerdo con el legado de liderazgo enfocado en la comunidad que había sido cuidadosamente cultivado a lo largo de generaciones. Sin embargo, la remoción de Mistry también atrajo críticas, con algunos argumentando que el movimiento demostraba cómo el legado familiar a veces podía estar en tensión con la necesidad de una gobernanza corporativa moderna.

3. Manteniendo la Unidad Familiar en Medio de Decisiones Empresariales

Como en cualquier negocio familiar de larga data, las tensiones internas dentro del Grupo Tata no solo se tratan del rendimiento empresarial, sino también de la lealtad familiar y la preservación de los valores compartidos. Si bien Ratan Tata dirigió con éxito el grupo durante más de dos décadas, mantener alineados a los diversos interesados de la familia Tata, los Fideicomisos Tata, y el liderazgo de la empresa fue una tarea delicada.

Liderazgo No Familiar

Una de las presiones sobre Ratan Tata durante su mandato fue la cuestión de la sucesión, particularmente después de que se hizo evidente que ningún heredero directo de la familia Tata asumiría el control. Esta decisión de buscar más allá de la línea familiar—nombrando a Cyrus Mistry—fue un rompimiento significativo de la tradición y un reflejo del reconocimiento de Tata de que una empresa de la magnitud de Tata necesitaba una gobernanza profesional y moderna.

Sin embargo, la caída con Mistry mostró cuán desafiante podía ser equilibrar las expectativas familiares con las demandas de dirigir un conglomerado global. El conflicto también expuso problemas de gobernanza subyacentes dentro de Tata Sons, particularmente en torno al papel de los Fideicomisos Tata y su influencia en las decisiones de liderazgo.

4. Navegando la Scrutinio Público

Dada la posición de Tata como el ícono corporativo más confiable de India, la naturaleza pública del conflicto con Mistry y las batallas internas en la sala de juntas fue especialmente difícil. La caída no fue solo un asunto interno—tuvo repercusiones significativas para la imagen pública del Grupo Tata. El nombre Tata, que había sido sinónimo de liderazgo ético, se vio repentinamente envuelto en disputas en la sala de juntas y especulaciones mediáticas sobre luchas de poder dentro de la familia y la junta.

Ratan Tata había mantenido durante mucho tiempo una reputación de liderazgo discreto y modestia, pero el asunto Mistry lo obligó a estar en el centro de atención, defendiendo las decisiones del grupo y su estructura de gobernanza. Intervino como presidente interino durante el turbulento periodo, guiando a la empresa a través de las repercusiones y restaurando la confianza, pero el conflicto dejó una marca indeleble en la dinámica interna del grupo.

5. El Desafío Continuo: Equilibrando Tradición e Innovación

Quizás el mayor desafío para Ratan Tata al navegar el legado familiar fue encontrar un equilibrio entre preservar la tradición y abrazar la innovación. Fue responsable de algunas de las expansiones más visionarias del Grupo Tata—particularmente en el mercado global—pero esto siempre se hizo con un profundo respeto por los valores familiares.

Tata a menudo hablaba de la necesidad de proteger el ethos Tata, pero también era un firme defensor de la modernización, ya fuera en forma de adquisiciones como JLR o a través de proyectos impulsados socialmente como el Tata Nano. La tensión entre estas dos prioridades—legado y progreso—es una que continúa definiendo al Grupo Tata.

Inversiones Internacionales Que No Hicieron Titulares: La Silenciosa Expansión Global de Tata

Mientras que algunas de las **adquisiciones internacionales del Grupo Tata**, como **Jaguar Land Rover (JLR)** y **Tetley Tea**, se convirtieron en titulares globales, muchas de las otras iniciativas internacionales de la empresa pasaron desapercibidas. Estas **adquisiciones más pequeñas** y **asociaciones** fueron fundamentales para expandir la **huella global** de Tata y diversificar su cartera. Echemos un vistazo a algunas de las **inversiones internacionales menos conocidas** que, aunque no estuvieron en el centro de atención, fueron esenciales para la estrategia de crecimiento de Tata.

1. Tata Communications y Cables Submarinos

Una de las iniciativas más estratégicamente importantes pero menos conocidas fue la **red de cables submarinos global** de Tata, gestionada por **Tata Communications** (anteriormente VSNL, Videsh Sanchar Nigam Limited). Esta iniciativa no hizo muchos titulares, pero fue crítica para expandir la **infraestructura de internet global** y mejorar la **conectividad digital de India** en el escenario internacional.

La Inversión: En 2005, Tata Communications realizó una inversión significativa en **Teleglobe**, una empresa canadiense que poseía una gran red de cables submarinos global, lo que permitió a Tata Communications controlar porciones sustanciales de los **sistemas de cables submarinos del mundo**. Esta adquisición, aunque no tan llamativa como otras, posicionó a Tata Communications como un jugador clave en el mercado global de tráfico de internet.

Impacto Global: Hoy en día, Tata Communications gestiona uno de los mayores **backbones de internet global**, conectando países y negocios en todos los continentes. Esta silenciosa iniciativa fue fundamental para establecer la **infraestructura del floreciente sector de TI de India**, permitiendo a Tata desempeñar un papel crucial en el auge de la comunicación digital global.

2. Té Sudafricano: **Joekels** Tea Packers

Mientras que la adquisición de **Tetley Tea** por parte de Tata fue ampliamente cubierta, su movimiento más discreto en el **té sudafricano** es menos conocido. En 2006, Tata Tea (ahora **Tata Consumer Products**) adquirió una participación mayoritaria en **Joekels** Tea Packers, una empresa líder en té sudafricano.

Por qué Importó: Aunque no fue un gran negocio internacional, esta adquisición fue estratégica, ya que le dio a Tata una base en el mercado africano—una región con una creciente demanda de consumidores por el té. **Joekels** Tea Packers es conocida por producir algunas de las marcas de té más populares de Sudáfrica, como **Phendula** Tips y **Tea Time**. A través de esta iniciativa, Tata construyó su presencia en **África del Sur**, un mercado relativamente inexplorado en ese momento.

Estrategia Global de Té: La capacidad de Tata para combinar adquisiciones locales con su estrategia global más amplia ejemplifica su cuidadoso plan de expansión. Mientras el mundo se centraba en **Tetley**, este acuerdo más pequeño silenciosamente aumentó la influencia de Tata en los **mercados africanos**.

3. Expansión de Tata Steel en el Sudeste Asiático

La adquisición de **Corus Steel** por parte de Tata Steel fue un trato global de alto perfil, pero sus movimientos más pequeños y menos conocidos en el **sudeste asiático** también han sido esenciales para ampliar su presencia internacional.

NatSteel (2004): Una de esas adquisiciones fue **NatSteel**, una empresa de acero con sede en Singapur que Tata Steel compró en 2004. Esta adquisición no hizo titulares, pero le dio a Tata Steel una base crucial en el sudeste asiático, incluyendo operaciones en **China, Tailandia, Vietnam** y las **Filipinas**. El acuerdo también ayudó a Tata Steel a establecer una presencia más fuerte en **Asia-Pacífico**, una región clave para la producción y demanda de acero.

Millennium Steel (2005): Tras la adquisición de NatSteel, Tata Steel se expandió aún más en el sudeste asiático al adquirir una participación mayoritaria en **Millennium Steel** (renombrada **Tata Steel Thailand**) en 2005. Esto le dio a Tata una presencia directa en la industria del acero de Tailandia y fortaleció su **dominancia regional** en **Asia**.

Importancia Estratégica: Aunque estas adquisiciones pueden no haber atraído la atención que recibieron las adquisiciones occidentales de Tata, fueron fundamentales para la **expansión de Tata en Asia-Pacífico**. Los acuerdos más pequeños en el sudeste asiático posicionaron a Tata Steel como un **jugador clave en los mercados emergentes**, con acceso a producción de bajo costo y una demanda regional en crecimiento.

4. TCS (Tata Consultancy Services) y América Latina

Otra iniciativa menos conocida pero significativa fue la **expansión silenciosa de TCS** en **América Latina**. Si bien TCS es un gigante global de TI bien establecido, sus movimientos iniciales en América Latina no hicieron los mismos titulares que su crecimiento en **América del Norte** o **Europa**.

Estableciendo una Presencia en América Latina: TCS entró en América Latina en **2002**, comenzando con un centro de entrega en **Uruguay**. Desde entonces, ha expandido operaciones en **Brasil, México, Chile** y **Argentina**, ofreciendo servicios de TI, consultoría y soluciones a clientes de diversas industrias.

Importancia Estratégica: Mientras el mundo se centraba en el crecimiento de TCS en mercados desarrollados, su expansión en **mercados emergentes** como América Latina fue vital para crear una red de servicios verdaderamente global. América Latina ha proporcionado a TCS acceso a **diversos grupos de talento** y ha ayudado a la empresa a atender mejor a los clientes globales con operaciones en la región.

Éxito Silencioso: Hoy, TCS es un líder en **servicios de TI** en América Latina, atendiendo a grandes clientes y empleando a miles en la región. Esta iniciativa puede no haber recibido tanta atención como el dominio de TCS en América del Norte o Europa, pero ha sido crucial para su éxito en el **sur global**.

5. El Silencioso Movimiento de Tata Global Beverages en Europa del Este

Una de las expansiones más discretas provino de **Tata Global Beverages (TGB)**, la empresa detrás de marcas como **Tetley**. En 2012, Tata realizó un movimiento bajo el radar en **Europa del Este** al adquirir una participación en una empresa rusa de té, **Grand Tea & Coffee**.

Movimiento Estratégico: Este movimiento le dio a Tata acceso al mercado de té de rápido crecimiento en **Rusia** y la **región de la CEI (Comunidad de Estados Independientes)**. Aunque no fue una adquisición que atrajera titulares, fue un paso crítico hacia la expansión de la influencia de Tata en los **mercados de Europa del Este** y **Asia Central**.

Expansión Subestimada: Europa del Este puede no parecer el objetivo más obvio para una empresa de té, pero la estrategia de Tata fue aprovechar el creciente consumo de la clase media en regiones que tradicionalmente habían sido pasadas por alto por las marcas globales. Este es otro ejemplo del enfoque de Tata en **crecimiento a largo plazo** en **mercados subexplotados**.

El Costo Emocional del Liderazgo: Las Luchas de Ratan Tata con la Soledad y la Responsabilidad

Detrás de la tranquila y compuesta persona pública de Ratan Tata hay un profundo pozo de luchas personales con el liderazgo, una casi solitaria responsabilidad que viene con guiar uno de los conglomerados más influyentes del mundo. Su camino como líder del Tata Group estuvo marcado no solo por triunfos corporativos, sino también por el costo emocional de cargar con una inmensa responsabilidad, mantener un legado familiar y navegar por las complejidades del liderazgo en un entorno de alta presión.

1. El Peso de la Responsabilidad

Dirigir el Tata Group, especialmente bajo la sombra de íconos como J.R.D. Tata, significaba que Ratan Tata llevaba una pesada carga de expectativas. Cuando asumió el cargo en 1991, hubo escepticismo tanto dentro como fuera de la familia Tata. Se estaba adentrando en un rol donde cada una de sus decisiones sería examinada, no solo por su impacto empresarial, sino también por cómo sostenía el Tata legacy, uno construido sobre integridad, responsabilidad social y desarrollo nacional.

Esta presión se intensificó por la profunda inversión personal de Tata en los valores que habían definido al grupo durante más de un siglo. No era simplemente un CEO; se veía a sí mismo como un custodio de un legado que impactaba a millones de personas, no solo accionistas, sino también empleados, comunidades y la sociedad india en general. Esta constante presión por equilibrar el éxito comercial con el bien social era un delicado baile, y a menudo lo colocaba en posiciones solitarias y difíciles donde el peso de la responsabilidad se volvía personal.

2. La Soledad del Liderazgo

Ratan Tata ha aludido a menudo a la soledad que acompaña al liderazgo. A pesar de su inmensa riqueza y éxito, Tata siempre ha llevado una vida modesta y tranquila, que refleja su mundo interior. Conocido por ser reacio a los medios y privado, Tata rara vez buscó el foco público, prefiriendo que sus acciones hablen más que las palabras. Su decisión de permanecer soltero, aunque arraigada en una elección personal, también resalta un aspecto de su vida que fue solitario, marcado por la ausencia de compañía familiar en momentos difíciles, algo de lo que muchos líderes se apoyan.

En entrevistas, Tata ha discutido abiertamente momentos de soledad y la aislación que vino con el liderazgo, especialmente al enfrentar dificultades. Ha comentado que muchos de sus pares, colegas e incluso amigos no comprendían completamente la carga emocional de tomar decisiones que impactaban a millones de personas, y cómo esta responsabilidad a menudo lo dejaba sintiéndose aislado. A diferencia de muchos líderes corporativos que se rodean de círculos íntimos, Tata mantuvo un estilo de vida más reservado y autosuficiente, lo que probablemente profundizó este sentido de soledad.

3. Luchas Personales y Vulnerabilidad

La humilde actitud de Tata y su reservada persona pública fueron en parte moldeadas por los desafíos personales que enfrentó. Su infancia estuvo marcada por la inestabilidad familiar, ya que sus padres se separaron cuando él tenía solo siete años. Esto dejó a Tata con un sentido de vulnerabilidad emocional que daría forma a su enfoque modesto de la vida y el liderazgo. Pasó gran parte de su infancia criado por su abuela, Lady Navajbai Tata, quien le inculcó valores de deber y servicio pero también le enseñó a proteger sus emociones.

Aunque muchos ven a Ratan Tata como una figura imperturbable, las presiones del liderazgo sí lo afectaron. El Cyrus Mistry episode, donde Mistry fue destituido como presidente de Tata Sons en 2016, fue particularmente agotador emocionalmente para Tata. Lo empujó de nuevo a la atención pública de una manera incómoda, reabriendo viejas heridas sobre las expectativas familiares, conflictos en la junta y luchas de liderazgo. La naturaleza pública de la disputa y la subsiguiente batalla legal tuvieron un costo personal para Tata, quien, a pesar de sus mejores esfuerzos por mantenerse fuera de la refriega, se convirtió en una figura central en el conflicto. El incidente fue un recordatorio contundente de cómo el Tata legacy y el liderazgo corporativo pueden a veces chocar, dejando incluso a los líderes más experimentados en un territorio emocional difícil.

4. La Modestia como Escudo

La modesta persona pública de Tata también puede verse como un reflejo de los escudos emocionales que construyó a lo largo de los años. Su decisión de evitar la extravagancia a menudo asociada con los magnates de los negocios—optando por vivir en un apartamento simple, conduciendo un coche modesto—no fue solo una cuestión de mantener una imagen humilde. Fue, en muchos sentidos, una respuesta a los desafíos emocionales de estar constantemente bajo escrutinio.

Al mantener su estilo de vida despretensioso, Tata creó un filtro entre él y las inmensas presiones de su posición. Su naturaleza reservada le permitió navegar crisis y decisiones de alto riesgo sin la carga adicional del espectáculo público. Ya sea de forma consciente o subconsciente, Tata parecía usar su humildad como una forma de manejar el costo emocional de su rol, centrándose en el trabajo en sí en lugar de los adornos del poder.

Ah, **Ratan Tata** – un hombre de contradicciones, ¿no dirías? Es el tipo de persona que podría entrar en una habitación y, con una sola mirada, recordarles a todos por qué **la modestia** es la forma más elegante de poder. Pero dejemos algo claro: estar al mando del **Tata Group**, un imperio con dedos en prácticamente cada tarta que puedas imaginar, no fue un paseo fácil. Y, sin embargo, él dirigió este barco como si simplemente estuviera dando un **paseo tranquilo** por Marine Drive. Un **Ferrari California** puede haber estado en su garaje, pero este hombre? Prefería la simplicidad de un Tata Nano. ¡Hablando de vivir la marca!

El Peso Emocional del Liderazgo

Detrás de esa actitud fresca y tranquila se encuentra, sin embargo, un hombre lidiando con el inmenso peso de la responsabilidad—porque liderar una de las empresas más respetadas de India no se trata solo de generar ganancias. No, para Ratan Tata, se trataba de **equilibrar el peso de un legado familiar** en una mano y **las expectativas de una nación** en la otra.

Imagina esto: heredas un imperio de **J.R.D. Tata**, un hombre reverenciado casi como realeza en la industria india, y ahora se espera que no solo mantengas el tren en movimiento, sino que lo hagas volar. Esa es la clase de **presión** de la que estamos hablando. Y él también la sintió. No era de los que se quejan públicamente—es demasiado digno para eso—pero **los que estaban cerca de él** a menudo veían el costo que esto le generaba. Noches sin dormir, decisiones difíciles, y la **soledad del liderazgo**.

No olvidemos sus **luchas personales**—sus padres se separaron cuando él era joven, y fue criado por su abuela, Lady Navajbai Tata. Eso dejó su marca, moldeando al **reservado, modesto** hombre que prefería que su trabajo hablara por él. Una vez estuvo cerca de casarse, pero, como explicó con la típica humildad de Ratan Tata, **"simplemente no funcionó".** Para un hombre que ha pasado su vida cuidando de los demás, esa soledad debe haber sido particularmente aguda.

Juggling Legacy and Innovation

Hablando de responsabilidad, vamos a profundizar en el **Tata Nano**—el "auto del pueblo" que no solo se trataba de vender vehículos, sino de **transformar la sociedad india.** Ahora, este fue un verdadero proyecto de pasión para Tata. Quería crear un coche que fuera lo suficientemente asequible para las familias de clase media y baja de India. En teoría, era una **brillante innovación**—hacer que la propiedad de automóviles fuera accesible para millones que de otro modo no podrían permitírselo. En la práctica? Bueno, el Nano no cumplió del todo su promesa.

Pero aquí está el punto: **no se arrepintió.** A pesar de que el Nano tuvo dificultades en el mercado, Ratan Tata estaba orgulloso de su **ambición social.** Una vez bromeó, probablemente con una sonrisa irónica, que el fracaso del coche fue una de sus mayores **decepciones**, pero hey, ¿quién no ama una buena experiencia de aprendizaje? Para Tata, **asumir riesgos** era parte del trabajo, y si las cosas no siempre salían según lo planeado, bueno, así es como gira la rueda.

Cyrus Mistry: La Batalla en la Junta que Nadie Quería

Y luego, por supuesto, está el **episodio de Cyrus Mistry**—esa notoria disputa familiar que estalló en una **telenovela corporativa.** Mistry, quien fue seleccionado por Tata como su sucesor en 2012, fue **destituido abruptamente** cuatro años después en un choque que parecía sacado de un drama de Bollywood. Los medios estaban al tanto —batallas en la junta, acusaciones, peleas legales— fue la peor pesadilla de Tata. Para un hombre que **valoraba la lealtad y la integridad**, el **resultado público** debió sentirse como una traición personal.

Ratan Tata no es del tipo que airea la ropa sucia en público, así que imagina lo difícil que debió ser para él ver cómo el legado familiar se desarrollaba en los titulares. Cuando se le preguntó sobre ello más tarde, se mantuvo **elegante**, como siempre, diciendo solo que era **lamentable**. ¿Lamentable? Creo que eso es un eufemismo de Tata para **"Quería gritar en una almohada, pero decidí no hacerlo."**

La Modestia como Su Armadura

Lo que me fascina de Tata es que su **modestia no era solo un acto**. Era su armadura. La forma tranquila en que se comportaba —el **apartamento modesto** en Colaba, el hecho de que se condujera él mismo— no era solo una peculiaridad, era su forma de mantener la locura de su mundo a raya. ¿Y quién podría culparlo? Cuando estás dirigiendo un imperio global que emplea a miles, trata con gobiernos y mantiene un legado que está ligado a la propia identidad de India, querrías mantener los pies en la tierra.

Mientras algunos magnates de los negocios pueden ostentar su éxito en las portadas de revistas, Tata mantuvo las cosas simples. Porque para él, no se trataba de los **coches llamativos** o el **estilo de vida extravagante** —se trataba de dejar atrás algo significativo, algo que **importara**.

Humor en los Tiempos Difíciles

Aún en los momentos difíciles, Tata tenía una forma de ver las cosas con un poco de seco humor. Una vez admitió estar **sorprendido** cuando la gente esperaba que viviera en opulencia. "Soy un hombre de negocios, no una estrella de Bollywood," podría haber dicho. Cuando **Tata Motors** estaba lidiando con su **adquisición de Corus Steel**, Tata lo manejó con su característica compostura, comentando que "los desafíos siempre están ahí, pero te adaptas." Es el tipo de **resiliencia estoica** que te hace querer practicar yoga o al menos aprender a respirar profundamente en el tráfico.

Reflexiones Finales: Un Líder Moldeado por la Humanidad

El legado de Ratan Tata no se trata solo de construir uno de los imperios empresariales más respetados del mundo. Se trata de la **humanidad** detrás del liderazgo. Un hombre que nunca dejó que el **poder** nublara su **empatía**, que creía en el **poder de la innovación** no solo por ganancias, sino por **el bien social**. ¿La presión? Inmensa. ¿La soledad? Siempre presente. Pero Ratan Tata lo llevó con **gracia**, dejando un legado que perdurará no solo en balances, sino en los corazones de las personas que ha impactado.

Y no olvidemos—a través de todo esto, probablemente se condujo a casa en su Tata Nano, con su perro a su lado, pensando en lo que podría traer el próximo capítulo. Porque ese es Ratan Tata: **el gigante silencioso que lideró con integridad, modestia y un toque de humor.**